dans le

FINISTÈRE NORD

REMERCIEMENTS

Je tiens à remercier toutes les personnes qui ont contribué à l'élaboration de ce guide. Merci à mon mari Youn Cloarec, organisateur hors-pair et photographe à l'œil aiguisé, soutien sans faille. Merci aussi à Bernard Roué de m'avoir fait découvrir quelques pépites de sa presqu'île.

Photo de couverture : Youn Cloarec

Toutes les images sont de l'auteur et de Youn Cloarec.
Cartographie : Murielle Dubois (Éditions Glénat)
Conception maquette, prépresse et fabrication : Glénat Production (Grenoble)

Éditions Glénat
Couvent Sainte-Cécile – 37, rue Servan – 38000 Grenoble
www.glenat.com

ISBN : 978-2-344-02119-4
Dépôt légal : avril 2019

LE P'TIT CRAPAHUT

dans le

FINISTÈRE NORD

De la rade de Brest à la baie de Morlaix

FRANÇOISE FOUCHER

Glénat

Mervent et gwalarn sont les vents qui couchent l'herbe et plient les arbres. Ils soufflent en force sur cette côte nord du Finistère ; de rares haies aux branches tourmentées protègent des maisons basses qui font le gros dos aux bourrasques. Voilà l'image qui vient à l'esprit quand on évoque le « Nord ». Une réalité, certes, mais partielle.

De Brest à Morlaix, en passant par le goulet, la rade, le pays des abers et le grand jardin potager du pays léonard, la côte nord finistérienne est d'une grande diversité.

Son incontestable capitale est Brest. La cité du Ponant a plus à offrir que la simple image de ville grise et pluvieuse, entièrement détruite par les bombardements de la Seconde Guerre mondiale, à laquelle on la réduit trop souvent. La rade de Brest est un profond abri naturel séparé du vaste océan par un étroit goulet que longe un sentier côtier entre Brest et la pointe du Conquet.

Au-delà se déroule l'étonnant pays des abers, ces fjords séparés par des dunes éblouissantes où l'eau a des reflets turquoise. Plus loin, le pays pagan est rude et sauvage, tandis que son voisin saint-politain est un jardin potager où les sillons de choux et d'artichauts s'installent dans la moindre parcelle disponible. Si à Plougastel, la fraise qui faisait l'objet de toutes les attentions quittait la presqu'île en barque et se vendait alentour, à Brest et dans la rade, l'exportation des légumes du pays léonard vers l'Angleterre par la puissante compagnie Brittany Ferries a, elle, généré des fortunes. Savéol – mot breton signifiant « soleil levant » – est le nom que se sont (bien) choisi les producteurs de Plougastel ; Prince de Bretagne est la marque qui porte haut et fort le goût des productions maraîchères de la côte nord du Finistère.

Françoise Foucher

Femme de Plougastel ; mosaïque à l'entrée du musée de la Fraise à Plougastel-Daoulas.

SOMMAIRE

Carte générale ... 8
Explication générale des cartes ... 10
Une région à découvrir ... 12
Les conseils du p'tit crapahut ... 14
Les bonnes infos ... 18

LES BALADES ET DÉCOUVERTES

	Niveau	Distance	Dénivelé	Horaire	Page
BALADES À PIED					
01 • De l'Armorique au Caro, à Plougastel-Daoulas	1	5 km	100 m	1 h 30	20
02 • Sous les auspices de Sainte-Anne-du-Portzic	1	5,5 km	100 m	1 h 30	24
03 • Le Goulet au Minou	1	5,2 km	65 m	1 h 30	28
04 • Ria, phare et plage au Conquet	1	6,2 km	70 m	2 h	32
05 • Entre Porspoder et Argenton	1	4,5 km	38 m	1 h 15	36
06 • De plages en grèves à Portsall	1	5 km	40 m	1 h 15	40
07 • L'embouchure de l'aber Benoît à Beg ar Vill	1	4,8 km	71 m	1 h 15	44
08 • Lilia-Plouguerneau et l'île Wrac'h	1	5,5 km	25 m	1 h 10	48
09 • La pointe de Porsmeur sur la baie de Kernic	1	3,2 km	15 m	50 mn	52
10 • L'anse du Guillec à Plougoulm	1	6,3 km	30 m	1 h 30	56
11 • Le vieux Roscoff	1	3,2 km	13 m	45 mn	60
12 • Saint-Pol-de-Léon côté mer	1	7 km	30 m	1 h 50	64
13 • Carantec balnéaire et panoramique	2	4,3 km	55 m	1 h	68
14 • En longeant la Penzé	1	5 km	60 m	1 h 20	72
TOURS À VÉLO					
15 • Morlaix par la voie verte	1	15 km	200 m	1 h 30	76
16 • La côte de Brignogan et Plounéour-Trez	1	16,5 km	85 m	1 h 40	78

L'auteur ... 80

Le phare du Petit-Minou.

CARTE GÉNÉRALE DE SITUATION DES BALADES

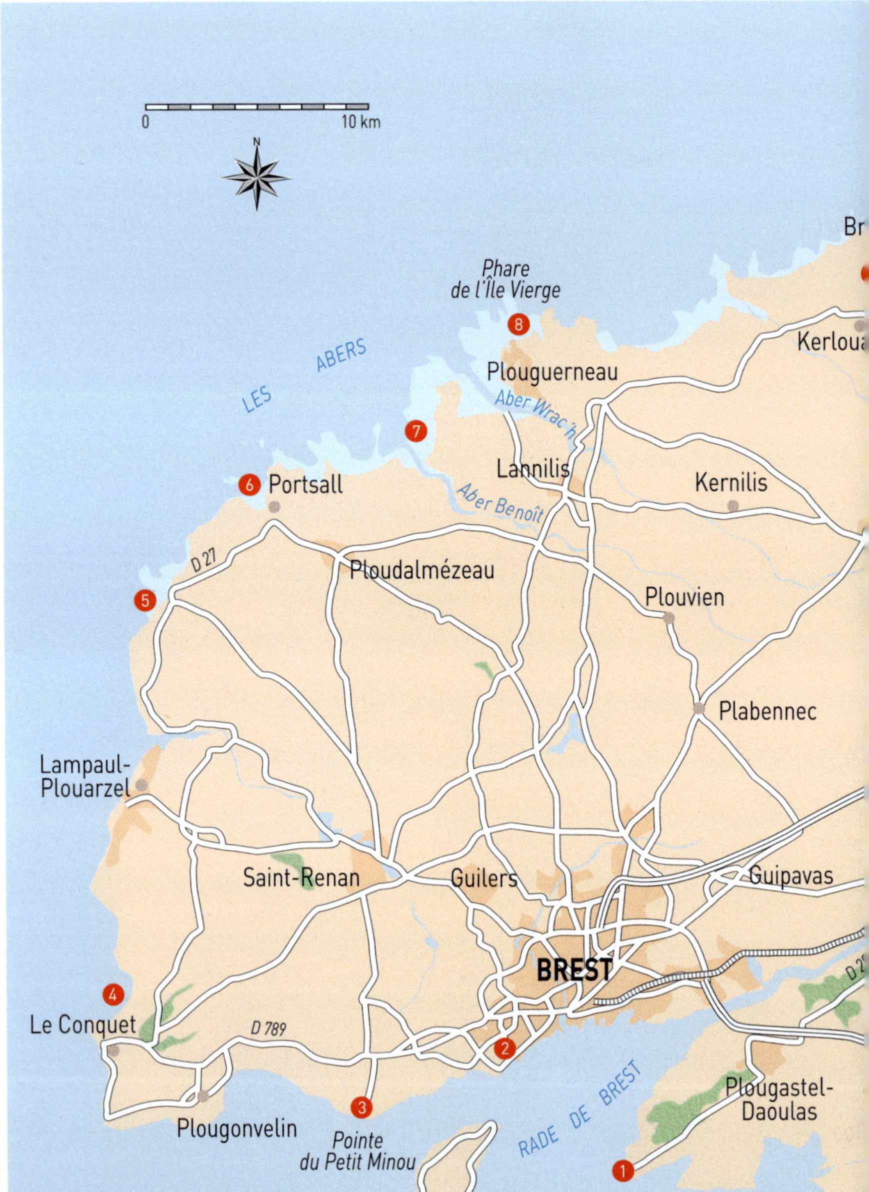

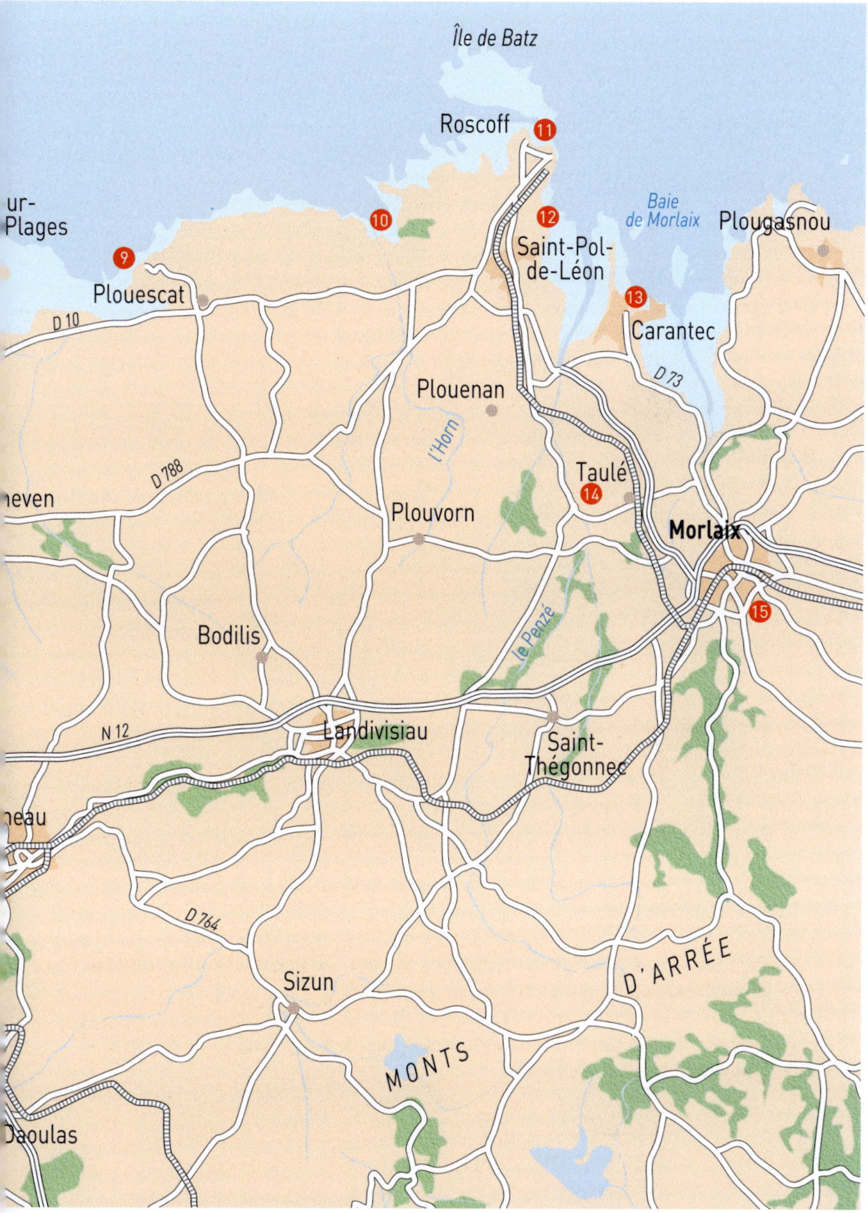

Île de Batz
Roscoff
11
ur-
Plages
10
9
12
Baie
de Morlaix
Plougasnou
Saint-Pol-
de-Léon
Plouescat
13
D 10
Carantec
D 73
Plouenan
l'Horn
Taulé
D 788
14
neven
Plouvorn
Morlaix
Bodilis
le Penzé
15
N 12
Landivisiau
Saint-
Thégonnec
neau
D 764
D'ARRÉE
Sizun
MONTS
Daoulas

LES NIVEAUX DE DIFFICULTÉ

Balades faciles, généralement courtes, sur des sentiers et chemins corrects, en pente douce et comportant peu de dénivelé.

Balades sur des terrains plus variés mais sans risque notable, comportant des passages plus raides.

Sentier

Route, piste carrossable

Point jalon permettant un repérage immédiat sur la carte à partir du descriptif (et vice-versa)

Itinéraire de balade

LES PICTOS

- Parking, point de départ de la balade
- But de la balade
- Coin pique-nique (aménagé ou non)
- Bistrot, casse-croûte, resto, gîte…
- Point de vue
- Transports en commun
- Patrimoine religieux
- Curiosité historique
- Village remarquable
- Phare
- Port de plaisance ou mise à l'eau
- Loisirs nautiques

BREST, INCONTESTABLE CAPITALE

Le château de Brest doit sa configuration actuelle à Vauban. Cette sévère silhouette crénelée avec ses hauts murs, son bastion et son échauguette, ses tours coiffées d'ardoises, a miraculeusement échappé aux bombardements et forme un ensemble minéral dans une jungle urbaine d'asphalte et de béton. Une visite au musée de la Marine est une excellente occasion d'y pénétrer et de faire un voyage dans le temps. Y sont par exemple exposés les grandes allégories en bois sculpté qui ornaient les vaisseaux de la Marine royale, ainsi qu'un échantillon du mobilier design de la *Jeanne*, le porte-hélicoptères qui, chaque année, quittait Brest pour une circumnavigation. Une salle est consacrée aux panoramas du port à travers les âges par le peintre Pierre Péron.

UNE RADE CLOSE PAR UN GOULET

Aujourd'hui, la zone portuaire de Brest s'étend du Moulin-Blanc au Portzic. Pontons de la plaisance, aquarium d'Océanopolis, terre-pleins du commerce peuplés de grues et de silos, bassins du port de pêche, quais d'embarquement de passagers, arsenal militaire et bâtiments de la Royale : Brest est un vaste panorama maritime.

En face, la presqu'île de Plougastel. Autrefois, le chemin de grande communication allait de Quimper à Landerneau où un pont enjambait l'Élorn pour rejoindre Brest; cet itinéraire tenait Plougastel à l'écart. Seul un bac au lieu-dit le Passage, dans l'estuaire de l'Élorn, permettait aux Plougastels (ainsi nomme-t-on les habitants de Plougastel) d'atteindre Brest et, au-delà, les marchés léonards. Le Tinduff, Lauberlac'h, Porsmeur, le Caro étaient des cales d'embarquement pour les gens et les denrées. Aujourd'hui, point de trafic maritime, mais les petites cales sont toujours animées : pêcheurs, plaisanciers, marcheurs, randonneurs se retrouvent au Trappic, le bistrot du coin.

Le goulet qui clôt la rade est illuminé par plusieurs phares sur sa côte nord (Sainte-Anne-du Portzic, Le Petit Minou, Le Conquet) et bordé de nombreux ouvrages de défense militaire : forts du Mengant, du Montbarey, du Minou, de Bertheaume, pour la côte nord ; forts des Espagnols et des Capucins, pour la rive sud, sur la presqu'île de Crozon.

LES ABERS ET LE PAYS PAGAN

Et tout au bout de la rade : Saint-Mathieu. « C'est un roc, c'est un pic, c'est un cap ! »... C'est un *beg*, terme breton qui se prononce « bec ». Il ferme le goulet et amorce un trait de côte battu par les vents et la mer d'Iroise. À quelques kilomètres, se tient un point géographique majeur : la pointe de

Corsen, séparation symbolique entre Manche et Atlantique, cap le plus occidental de la France métropolitaine continentale. Là, dans une lande de bruyère rase, subsistent le vieil enclos en pierres des Phares et Balises et la ruine d'un bâtiment se consolant de son triste sort aux rayons du soleil couchant.
Au-delà se déroule la côte des abers, de l'aber Ildut à l'aber Wrac'h. Une succession de profondes rias et de douces dunes dessine un paysage étonnant, mélange de vasières et d'océan turquoise.
À Plouguerneau commence le pays pagan : la côte des Paganis, les païens. Au XIXe siècle, le voyageur avide de pittoresque a dépeint la cruauté des usages locaux : à l'aide de feux, les naufrageurs attiraient à la côte le navire en péril... La chose fut soupçonnée, jamais prouvée sur la côte des légendes. C'est qu'ici, comme ailleurs dans les îles ou dans le cap Sizun, les habitants pratiquaient le « droit de bris et de naufrage », le pillage des épaves améliorant leur bien maigre quotidien.
À la pointe de Penn Enez, proche du petit port du Korejou, on peut voir un corps de garde protégé par un rocher formidable, des fours à goémon, de longues fosses creusées dans la lande et maçonnées de pierres plates, dans lesquelles on brûlait le goémon pour produire la soude.

TERRES DE LÉGUMES

À Plouescat, le rivage change de visage. Ici, le vent est plus doux, le soleil plus généreux. Le sol sablonneux amendé par des siècles d'apports de goémon et de maërl (débris d'algues) est une terre fertile, entièrement dévolue au maraîchage, et Saint-Pol-de-Léon en est le cœur. Le paysage est semé de choux, artichauts, choux-fleurs, oignons et désormais salades, échalotes, carottes...
De l'autre côté de la baie, Roscoff s'affiche capitale de l'oignon rosé et porte en son port du Bloscon l'histoire d'un formidable essor économique. Mais Roscoff est avant tout une cité au riche patrimoine : ici l'architecture Renaissance a subi l'influence espagnole, et le patio est une curiosité locale. La chapelle Sainte-Barbe qui domine le port occupe un point de vue exceptionnel ; le quartier balnéaire voisine avec la station scientifique ; l'embarcadère pour l'île de Batz est tout proche... Roscoff est si diverse.
Dernière étape à Morlaix, petite ville médiévale tapie sous son gigantesque viaduc. Ici, les maisons aux façades de guingois sont collées les unes aux autres dans un enchevêtrement coloré. Elles surplombent et obscurcissent les ruelles de leurs encorbellements superposés et comptent un étonnant modèle architectural unique : la maison à pondalez, sorte de manoir urbain doté d'une cour intérieure avec galerie.

BIEN S'ÉQUIPER

La Bretagne n'est pas la montagne. Ici, les dénivelés sont peu importants, mais vous pourriez être surpris par le profil de certains sentiers côtiers. Chaussez-vous correctement : des semelles bien crantées sont nécessaires, car certains chemins côtiers empruntent les grèves où les rochers sont parfois rendus glissants par les algues. Dans les terres, les balades suivent souvent des chemins agricoles empruntés par les tracteurs et par les vaches qui se rendent deux fois par jour à la salle de traite ; ces chemins peuvent être particulièrement boueux et défoncés, surtout en hiver. Vos chaussures devront être imperméables ; vous pouvez même vous munir de bottes pour certains itinéraires.

En Bretagne, le climat océanique est doux. Mais des vêtements imperméables seront utiles pour se protéger du petit crachin qui donne bon teint aux joues des filles et fait friser leurs cheveux ! Sur les sentiers côtiers, le coupe-vent est indispensable car le vent est quasi permanent. En été, certains circuits sont peu ombragés, notamment ceux qui passent près des côtes. De plus, la réflexion du soleil sur la mer augmente le risque de coup de soleil, et la brise légère qui rafraîchit agréablement rend le phénomène imperceptible ! Alors, n'oubliez pas la crème solaire, le chapeau/casquette et les lunettes de soleil.

Plage de la Grève-Bleue au Conquet.

Postiers bretons dans les landes du Conquet.

LES SPÉCIFICITÉS LOCALES : LA MER ET LE VENT

En Bretagne, deux éléments façonnent le paysage et rythment la vie : la mer et le vent. Leur état est déterminant pour prévoir votre balade.

Consultez toujours les horaires de marée avant de partir au bord de la mer. Ils sont affichés dans les capitaineries des ports et publiés dans le journal local. Ils sont également édités sous forme de petits livrets, disponibles dans les offices de tourisme, les dépôts de presse et chez certains commerçants. Préférez toujours un détour par l'intérieur à une grève léchée par les vagues si vous ne savez pas si l'eau monte ou descend.

Quant au vent, sa puissance peut être dévastatrice. Écoutez la météo marine et sachez qu'à force 7 sur l'échelle de Beaufort, soit 60 km/h, il devient difficile de marcher contre le vent. À force 9, au-delà de 80 km/h, marcher face au vent est impossible. Pensez à consulter les prévisions météo avant de vous aventurer sur les chemins, notamment côtiers. Consultez les prévisions départementales et côtières sur le site de Météo-France : www.meteofrance.com

SENTIERS CÔTIERS, MODE D'EMPLOI

Les chemins piétonniers littoraux datent des années 1970 et d'une volonté de rendre le littoral plus accessible au public. En 1976, une loi institue l'obligation de la mise en place d'une servitude de passage des piétons le long du littoral ; les propriétaires de terrains privés riverains doivent céder une bande de 3 m de large en limite du domaine public maritime. Le sentier est donc un droit de passage qui traverse souvent des propriétés

Chapelle de Tromenec à Landeda dédiée à saint Laurent.

Bassin du port du Moulin-Blanc à Brest.

privées : il est strictement réservé aux piétons et il convient de ne pas en sortir.
Quel que soit le temps, restez attentifs sur les sentiers côtiers. Particulièrement exposés au vent et aux assauts des vagues, ils peuvent être rendus glissants par les embruns, et sont parfois perchés en hauteur en bordure de falaise. Certaines portions peuvent être temporairement impraticables. Dans ce cas, un panonceau à l'entrée (en général un arrêté municipal) le signale et donne un itinéraire de remplacement.

CHOISIR VOTRE BALADE

Le niveau de difficulté des balades proposées dans ce guide prend en compte leur longueur et la difficulté technique, souvent liée au dénivelé ou à l'état des chemins. Elles sont toutes accessibles à une personne en forme. Le temps de marche indiqué est calculé sur un rythme de 4 km/h sur terrain plat et 300 m de dénivelé à l'heure en montée. Il n'englobe pas les haltes type pique-nique, pause pour observer les oiseaux et cueillettes diverses !

GARE AUX TIQUES

La Bretagne n'est pas exempte de tiques. Ces parasites vivent dans les bois, landes et autres herbes hautes qui gardent la fraîcheur. Elles s'accrochent aux vêtements des randonneurs puis cheminent jusqu'à la peau. C'est pourquoi il est préconisé de porter des chaussures fermées et des vêtements couvrants, et de rentrer les jambes de pantalons dans les chaussettes. Il est utile de s'inspecter le corps au retour de balade et, en cas de morsure, de retirer la tique avec un tire-tique (disponible en pharmacie). Les morsures traitées dans les 24 h ont moins de risque de s'infecter et de transmettre des maladies.

LES BONNES INFOS

Office de tourisme Brest métropole
Place de la Liberté, 29200 Brest
02 98 44 24 96
www.brest-metropole-tourisme.fr

Office de tourisme Iroise Bretagne
Bureaux à Plougonvelin, Le Conquet, Plouarzel, Ploudalmézeau, Saint-Renan, Lampaul-Plouarzel
02 98 89 69 46
www.iroise-bretagne.bzh

Office de tourisme du Pays des abers
Bureaux à Lannilis, Plouguerneau, Landéda
02 98 04 05 43
www.abers-tourisme.com

Office de tourisme Lesneven
Côte des Légendes
Bureaux à Lesneven et Meneham Kerlouan
02 29 61 13 60
www.tourisme-lesneven-cotedeslegendes.fr

Office de tourisme Roscoff
et la Côte des Sables
Bureaux à Plouescat, Cléder, Ile de Batz, Roscoff, Saint-Pol-de-Léon, Guimiliau
www.roscoff-tourisme.com

Office de tourisme de Carantec
4, rue Pasteur, 29660 Carantec
02 98 67 00 43
www.ville-carantec.com

Office de tourisme de la baie de Morlaix
10 place Charles-de-Gaulle, 29600 Morlaix
02 98 62 14 94
www.baiedemorlaix.bzh

QUELQUES TERMES BRETONS POUR COMPRENDRE LA TOPONYMIE

Aod : rivage, côte
Bihan : petit
Braz, Bras : grand
C'hoat, coat, goat, goët : bois
Coz : vieux
Croas : croix
Douar : terre
Du : noir
Glaz : bleu, vert (couleur de la mer)
Gwen : blanc
Hent : chemin
Huella : en haut
Izella : en bas
Ker : village
Lann : lande
Lost : bout, extrémité
Men : pierre
Milin, meil, veil : moulin
Ploe, plo, plou, pleu : paroisse, lieu saint
Poul, toul : trou
Porz, pors : port
Ru : rouge
Stang : étang
Steir, ster : rivière
Ty : maison

Chapelle du village de Lochrist, au Conquet.

Distance : **5 km** | Dénivelé : **100 m** | Horaire : **1 h 30**

01. DE L'ARMORIQUE AU CARO, À PLOUGASTEL-DAOULAS

Depuis le chemin côtier de la presqu'île de Plougastel-Daoulas, cette balade permet de découvrir les petits ports tranquilles de Porsmeur et du Caro et offre un beau point de vue sur la cité portuaire brestoise.

Depuis la table d'orientation, descendre jusqu'au sentier côtier GR® et s'orienter vers la droite (avec la mer à gauche). Au niveau des installations militaires de la pointe de l'Armorique, rebrousser chemin le long du GR® et franchir une route. Poursuivre en face sur le chemin balisé GR. Tourner à gauche ❶ et rejoindre le village de Ti Floc'h. Tourner à droite avant le port de Porsmeur et trouver le sentier côtier. Longer la grève et s'élever sur les hauteurs de la pointe du Caro. À travers la lande, rejoindre le port du Caro. Repérer entre deux maisons ❷, au niveau de la boîte jaune de la Poste, le chemin (balisé en jaune) qui s'élève dans les bois. Déboucher sur un chemin de terre qui se transforme en route : rejoindre le village de Kernié. Dans le village, tourner à droite et, après les dernières maisons, trouver un sentier qui s'éloigne vers la gauche. Au carrefour en T ❸, s'orienter vers la droite et déboucher sur une route : tourner à droite. Dans le village de Larmor, tourner à gauche sur la route du Casino-Larmor. Couper la route et s'engager en face (légèrement sur la gauche) dans la route de Kerdéniel. Au croisement en T ❹, suivre la route de Kerdéniel vers la droite. À son extrémité, tourner à gauche vers le belvédère. Rejoindre la table d'orientation.

Vue sur Brest depuis la presqu'île de Plougastel-Daoulas.

Accès : depuis le bourg de Plougastel-Daoulas, suivre la direction de la pointe de l'Armorique. Tourner à gauche en direction de la table d'orientation.
Départ : table d'orientation de la pointe de l'Armorique, à Plougastel-Daoulas.
But : découvrir la rade de Brest.
Point culminant : 60 m
Difficulté : aucune
Balisage : GR® en partie
Saison : toute l'année
Carte : IGN 0417 ET
Infos : O.T. de Brest Métropole, place de la Liberté, 29200 Brest, 02 98 44 24 96
www.brest-metropole-tourisme.fr

+ P'TITS PLUS +

• L'incontournable crêperie de la presqu'île : An Ty Coz, dans le hameau de Porsmeur. Elle vaut tant pour la qualité de ses crêpes que pour le pittoresque de son décor. 225, chemin de Ti Floc'h, Plougastel-Daoulas, 02 98 40 56 47.
• Plusieurs petits ports de la presqu'île sont encore dotés d'un bar à l'ambiance authentique, citons le Tapecul sur le port de l'Auberlac'h, 02 98 40 54 04.

Le port du Caro à Plougastel-Daoulas.

La grève de Porsmeur.

Pen-ar-Pont vu des hauteurs du Caro.

DÉCOUVERTE

INIMITABLE PLOUGASTEL

Dans le fond de la rade de Brest, Plougastel-Daoulas est une presqu'île au relief escarpé séparée de Brest par la rivière Élorn. Entre les chaos rocheux, les petites grèves souvent dotées de cales échancrent le trait de côte austère. Elles servaient au bornage, c'est-à-dire à la desserte maritime des villages à une époque où les chemins étaient difficilement praticables. Cet environnement spécifique a isolé la population, une population restée fidèle à ses coutumes. Les *breuriez* (fort esprit de frateries), la *guiz* (costume), les mariages et jusqu'aux patronymes : tout distingue les gens de Plougastel de leurs voisins.

Le môle du Caro.

CHAPELLES ET VILLAGES

La paroisse de Plougastel-Daoulas compte près de 150 hameaux et 8 chapelles. Ces chapelles sont richement construites, à hauteur de la prospérité de Plougastel.

Saint-Languy, au nord, borde l'Élorn maritime au lieu-dit du Passage du bac. En amont de l'Élorn, Saint-Jean, entouré d'une futaie, était le lieu d'un grand pardon. Au sud de la presqu'île, Saint-Claude, en pierre jaune, se dore au soleil au-dessus de la rivière de Loperhet. Saint-Guénolé, Saint-Adrien et Saint-Trémeur baignent leurs pieds dans le fond des bras de mer. Sainte-Christine, fermée dans son placître, domine le ruisseau du Caro. La chapelle de la Fontaine Blanche confirme le rôle de l'eau miraculeuse dans le culte empreint de traditions païennes.

Le chevet de la chapelle Sainte-Christine.

LA FRAISE ET LA COQUILLE

Sur le blason de la commune de Plougastel figurent les ressources qui ont fait son aisance : la fraise et la coquille Saint-Jacques. La maîtrise de la culture de la fraise remonte à la fin du XVIIIe siècle. Elle atteste d'un savoir-faire traditionnel antérieur, acquis par les cultivateurs locaux dans ces petites anses bien exposées. Ils y produisaient déjà fruits et légumes et récoltaient même des melons.

Fraises en demi-rond-de-bosse dans l'église paroissiale de Plougastel-Daoulas.

Statuaire du calvaire monumental de Plougastel-Daoulas.

La coquille a eu son heure de gloire à la fin du XIXe siècle : elle est mise en conserve et exportée par train. Malgré un relatif épuisement des gisements, quelques bateaux débarquent encore coquilles, pétoncles et palourdes au Tinduff.

À PROXIMITÉ

LES CALVAIRES

Plougastel possède l'un des 7 calvaires monumentaux de Bretagne. Ce monument, érigé à la fin du XVIIe siècle devant l'église, témoigne de la richesse lointaine de la paroisse. Il célèbre la fin d'un grand fléau qui décimait la population : la peste. Le soubassement est bâti en pierres de Logonna, une pierre ocre jaune veiné de rouille extraite d'un bras de mer voisin. Sur cet autel, les figures de la Bible composent des scènes pédagogiques à l'intention des croyants analphabètes. Toute la statuaire est taillée en kersanton, une pierre noire et fine, propre à ciseler les détails des tableaux.

Distance : 5,5 km | Dénivelé : 100 m | Horaire : 1 h 30

02. SOUS LES AUSPICES DE SAINTE-ANNE-DU-PORTZIC

Au départ de la plage de Sainte-Anne-du-Portzic, ce petit circuit mène à une grève bordée d'un improbable village de cabanes hautes en couleur. Il passe au pied d'un grand phare et donne à voir un spectaculaire panorama sur les installations militaires brestoises.

Quitter la plage en montant la rue Jim-Sévellec. Trouver sur la droite le sentier côtier GR® qui s'élève sous les arbres ❶. Un sentier s'en écarte pour rejoindre un belvédère offrant une vue plongeante sur l'anse de Sainte-Anne-du-Portzic. Poursuivre sur le GR® en longeant les installations militaires brestoises. Passer sous le phare et le sémaphore et rejoindre un parking ❷. Le traverser et poursuivre à droite sur la route de Sainte-Anne-du-Portzic jusqu'à la grève de la Maison-Blanche. Juste avant la grève, à l'angle du bar-tabac, trouver un sentier qui s'enfonce dans le sous-bois. Le prendre jusqu'à la lisière du camping : au croisement des chemins, s'orienter à gauche. Rejoindre une route et la prendre vers la droite. Déboucher de la route de Kerriou au niveau de l'entrée militaire du fort du Portzic ❸ : prendre la route de Sainte-Anne-du-Portzic vers la droite. Au lieu-dit Le Cosquer, tourner à gauche dans la rue Pierre-Rivoalon, puis à droite dans la rue Charles-Cadiou. Passer la chapelle Sainte-Anne et tourner à gauche dans la rue Jim-Sévellec qui descend à la plage de Sainte-Anne-du-Portzic.

Halte au phare du Portzic.

Accès : depuis Brest, prendre la D789 en direction du Conquet. Au rond-point du Château d'eau, tourner à gauche sur la route de Sainte-Anne-du-Portzic. Au lieu-dit Le Cosquer, tourner deux fois à droite pour descendre la rue Jim-Sévellec jusqu'à la plage de Sainte-Anne-du-Portzic.
Départ : parking de la plage de Sainte-Anne-du-Portzic.
But : passer au pied du phare de Sainte-Anne-du-Portzic et découvrir la grève de la Maison-Blanche.
Point culminant : 70 m
Difficulté : aucune
Balisage : GR® en partie
Saison : toute l'année ; en été pour se baigner à la plage de Sainte-Anne-du-Portzic.
Carte : IGN 0417 ET
Infos : O.T. de Brest Métropole, place de la Liberté, 29200 Brest, 02 98 44 24 96
www.brest-metropole-tourisme.fr

+ P'TITS PLUS +

• Rien d'exceptionnel au premier abord au bar-tabac de La Maison-Blanche à Brest, mais à l'intérieur, c'est toute une ambiance de bar de quartier qui se révèle.
2840, route de Sainte-Anne-du-Portzic, Brest, 02 98 45 82 10.

Chapelle Sainte-Anne au Portzic.

La plage du Portzic.

Cabanes de pêcheurs sur la grève de la Maison-Blanche.

DÉCOUVERTE

UN MOUILLAGE PLAISANCIER

Le belvédère au-dessus du GR® offre un point de vue sur le port du Portzic et la plage, protégés par le môle de l'Ifremer et, au-delà, sur le goulet qui ferme la rade. Au Portzic, le mouillage plaisancier est dominé par les établissements de la Technopole : une cohabitation inattendue.

SAINTE ANNE, PATRONNE DU PORTZIC

Une modeste chapelle cachée par les arbres de son placître est placée sous le vocable de sainte Anne, patronne des gens de mer et des Bretons. Au belvédère, une statue moderne célèbre sainte Anne.

LES COULEURS DE LA MAISON BLANCHE

Une halte à la Maison Blanche est l'occasion de se frotter au « Ti Zef », ainsi nomme-t-on le parler brestois de « Brest même ». Sur la grève, les locaux ont bricolé des cabanes qu'ils ont peinturlurées en se servant des fins de pots Peintacoq : ambiance garantie au bistro comme sur le galet. Depuis le Portzic, la route de la Corniche rejoint le cœur de la ville, le quartier de Recouvrance, dans un étonnant parcours surplombant la base navale (attention : en voiture, la route de la Corniche, à sens unique, débute à Recouvrance pour rejoindre le Portzic).

Le mouillage du Portzic sous le môle de l'Ifremer.

Le pont de l'Iroise vu depuis le pont Albert-Louppe depuis la rive gauche de l'Elorn.

LE PHARE DU PORTZIC

Du haut de sa tour octogonale en granit (35 m), le phare du Portzic porte une lanterne rouge dont le feu à occultations rouge et blanc s'aligne sur la lumière du phare du Petit-Minou, plus en aval dans le goulet de Brest, pour indiquer la voie la plus sûre vers le port brestois.

À PROXIMITÉ

UN PONT SUR L'ÉLORN

Le pont Albert-Louppe qui enjambe l'estuaire de l'Élorn de 3 grandes arches est doublé d'un pont haubané, le pont de l'Iroise. Aujourd'hui réservé aux piétons et aux véhicules lents (vélos, tracteurs), le pont Albert-Louppe avait été mis en service en 1930, puis partiellement détruit en 1944 et reconstruit en 1949. D'une longueur de près de 900 m, il détenait à l'époque de sa construction le record mondial des portées en béton armé. De chaque côté, se trouvent deux statues en kersantite dues au sculpteur bigouden René Quillivic : au nord un couple de paysans léonards, au sud un couple de Cornouaillais, symboles des deux pays bretons séparés par l'Élorn : le Léon et la Cornouaille.

C'est maintenant par le pont de l'Iroise, inauguré le 12 juillet 1994, que les automobilistes entrent dans l'agglomération brestoise. Son tablier, long de 800 m, est porté par deux pylônes et des haubans élégants.

Le sémaphore de la Marine nationale au pied du phare du Portzic.

Distance : 5,2 km | Dénivelé : 65 m | Horaire : 1 h 30

03. LE GOULET AU MINOU

Ce sentier côtier part à l'assaut des falaises du goulet de Brest et offre un point de vue spectaculaire sur la presqu'île de Crozon en face.

S'engager sur le sentier côtier (GR®) en laissant la mer sur la droite. Doubler un chalet isolé puis franchir un vallon en remontant par un escalier vertigineux. Après une dernière volée de marches et en vue de la batterie circulaire du Mengant, déboucher sur la route ❶ : tourner à gauche et suivre le balisage jaune. Après la première maison du hameau de Quilihouarn, bifurquer à gauche dans un sentier de terre ❷. À la fourche, prendre le sentier qui descend vers la gauche. Traverser une cour de ferme à Kerangoff ❸ et poursuivre tout droit dans un sentier. Déboucher sur une petite route et tourner à gauche : la route mène tout droit au phare du Minou.

Maisonnette sur le Goulet.

Accès : depuis la D 789 en direction du Conquet, tourner deux fois à droite en direction du Minou. Depuis la D 38, suivre les indications qui mènent au phare du Minou.
Départ : parking du phare du Minou.
But : découvrir le phare et le fort du Minou et le fort du Mengant. Observer, de l'autre côté du goulet, la pointe des Espagnols.
Point culminant : 70 m
Difficulté : aucune
Balisage : GR® partiel, jaune partiel
Saison : toute l'année. En été, pour se baigner à la plage du Minou.
Carte : IGN 0417 ET
Infos : O.T. de Brest Métropole, place de la Liberté, 29200 Brest, 02 98 44 24 96
www.brest-metropole-tourisme.fr

+ P'TITS PLUS +

• Le fort de Bertheaume, exploité par Bertheaume Iroise Aventure, est ouvert d'avril à septembre. 02 98 48 26 41.

Le phare du Petit-Minou.

Amer et phare balisent le goulet à la pointe du Minou.

DÉCOUVERTE

Le Goulet est bordé au sud par les falaises de Crozon.

UN GOULET FERME LA RADE

Le goulet de Brest est une passe maritime d'un mille de large et de trois milles de long, bordée d'un relief côtier et formant un goulot qui remplit et vide la rade au rythme des marées. Sur ce littoral aux falaises culminant à une soixantaine de mètres, les nombreuses pointes rocheuses sont parsemées de forts et de phares. Les premiers pour défendre et protéger la ville et le pays; les seconds pour sécuriser la navigation. Le site du Petit Minou a été choisi pour l'un comme pour l'autre.

Le phare du Petit-Minou depuis le sentier côtier.

LE PHARE DU PETIT-MINOU

L'isthme du Petit-Minou est barré d'un fort dont subsiste un mur troué d'une porte. À l'extrême pointe, le phare, accessible par un pont en arc, se dresse sur un roc sur lequel le ressac sans cesse se fracasse. Deux tours coexistent, celle blanchie du côté de la mer porte une coupole rouge abritant un feu blanc et rouge, automatisé depuis 1989.

Le fort de Bertheaume, sur son rocher.

À PROXIMITÉ

BERTHEAUME

L'éperon du fort de Bertheaume protège l'anse de la petite station balnéaire du Trez Hir.

L'accès routier au fort se fait par le bourg de Plougonvelin. Un premier rempart défend le fort des assauts terrestres et tout contournement est vain : l'ultime chaînage à l'ouest surplombe une falaise vertigineuse. Seuls les goélands ignorent la difficulté. Le fort encerclé par les flots apparaît alors, et ce n'est pas tant le bâti que le site qui impressionne. Édifié sur un caillou relié par un pont à arche, le fort se fond dans son décor, l'harmonie minérale est parfaite à la lumière. Une caserne contrôle le passage du pont ; couverte d'ardoises, elle offre tout le confort du XVIIIe siècle en temps de paix.

De nos jours, une attraction utilise formidablement le site : une tyrolienne de 200 m relie le continent au rocher en passant évidemment au-dessus des flots et une via ferrata est aménagée sur les contreforts (Bertheaume Iroise Aventure, 02 98 48 26 41).

Le fort du Mengant accroché à la falaise.

L'ARCHITECTE MILITAIRE EST L'AUXILIAIRE DU COMBATTANT

Ce circuit débouche au fort du Mengant, une batterie en cercle au ras des flots. Le fort de Cornouaille, son jumeau, lui fait face de l'autre côté du goulet, sur la rive crozonaise. La rade fut particulièrement défendue à toutes les époques : guérites, fortins, batteries côtières, casemates, blockhaus, etc. Beaucoup datent du XVIIIe siècle et ont été réalisés d'après les plans du grand Vauban. Citons également le fort tout proche du Dellec, qui se blottit dans les frondaisons, et celui de Montbarey, à Brest, qui abrite un musée sur l'histoire du Finistère pendant la Seconde Guerre mondiale et héberge une collection de véhicules du débarquement.

Distance : 6,2 km (+ 3,5 km pour la boucle de Kermorvan)
Dénivelé : 70 m | Horaire : 2 h (+ 45 mn pour la boucle de Kermorvan)

04. RIA, PHARE ET PLAGE AU CONQUET

Cette balade débute le long d'un bras de mer à l'étonnante ambiance de mangrove à la sauce bretonne. Elle se poursuit plus classiquement par un phare à couper le souffle et une plage grandiose.

Quitter le parking par le sentier côtier, en gardant la ria sur la gauche. Demeurer au plus près de la grève. Le sentier s'élève sous les arbres ❶ et rejoint la route : la longer vers la gauche. Tourner à gauche dans le chemin de la Passerelle et poursuivre dans l'impasse des Galets. Au bout de l'impasse, retrouver le sentier GR®. Traverser la route et continuer en face sur le chemin côtier qui s'oriente à droite vers la plage ❷ (à gauche, possibilité de faire le tour de la presqu'île de Kermorvan en une boucle de 3,5 km). Longer la plage des Blancs-Sablons, poursuivre sur le GR® jusqu'à une petite crique ❸. Le sentier rejoint la route : la longer vers la gauche sur quelques mètres, traverser pour prendre à droite en direction du hameau de Kervillou. Tourner à droite dans un chemin agricole. Rejoindre la route et la longer vers la gauche. Au carrefour du calvaire ❹, prendre tout droit sur un chemin et traverser une cité par la rue du Château-d'Eau. Au niveau du château d'eau, s'engager à droite dans l'allée du Bois-de-Pins et trouver le sentier qui descend à gauche dans le bois en direction du parking.

En route vers la plage.

Accès : depuis Brest, suivre la D789 en direction du Conquet. À l'entrée du Conquet, tourner à droite sur la D28 en direction de Plouarzel. Laisser la direction Saint-Renan sur la droite et rejoindre le parking, dans une pinède sur la gauche.
Départ : parking du Moulin d'en Bas, D28.
But : découvrir la ria du Conquet et le phare de Kermorvan
Point culminant : 45 m
Difficulté : aucune
Balisage : GR® en partie
Saison : toute l'année ; en été pour se baigner aux Blancs-Sablons, en hiver pour admirer les surfeurs, windsurfeurs et kitesurfeurs.
Carte : IGN 0417 ET
Infos : O.T. Iroise Bretagne, parc de Beauséjour, 29217 Le Conquet, 02 98 89 69 46
www.iroise-bretagne.bzh

+ P'TITS PLUS +

• La Miaou est un improbable café, caché dans les dunes de Plouarzel. L'établissement, qui accueille des expositions et fait épicerie, est fréquenté par un joyeux mélange de touristes et d'habitués. Rue des Îles, 29810 Plouarzel, 02 98 89 64 22.

Vasière dans la ria du Conquet.

La vaste plage des Grands-Sablons.

Eau turquoise aux Blancs-Sablons.

Phare et feu à Saint-Mathieu.

À PROXIMITÉ

LA POINTE SAINT-MATHIEU

Au Moyen Âge, des moines bénédictins ont bâti une abbaye à Saint-Mathieu et entretenaient un feu, premier phare des côtes bretonnes. Il ne reste de cette splendeur que de hautes murailles percées de remplages gothiques mutilés. Une chapelle trapue face à son calvaire complète le décor. Sur l'immense champ de ruines, un phare posé sur un soubassement en cylindre domine les pans de murs délabrés. En avant-poste, un sémaphore de la Marine nationale dresse sa tour. Toutes ces maçonneries sont chaulées de blanc et trompent la morgue minérale des vestiges religieux. Un fortin abrite un émouvant cénotaphe qui rend hommage aux marins morts pour la France.

LE CONQUET

Une échancrure dans le littoral où la mer pénètre à marée haute et recouvre de vastes plages fait de Konk-Leon – Le Conquet – un port d'échouage. Mais c'est également une cité qui possède une histoire ancienne; en témoignent sa Maison des Seigneurs bâtie sur une cale, sa chapelle dédiée à Dom Michel Le Nobletz l'évangélisateur, ses ruelles sombres qui protègent du vent, ses maisons basses aux portes en anse de panier.

Face au Conquet, l'île d'Ouessant et l'archipel de Molène bordent le chenal du Four, un raccourci marin qui nécessite un balisage sûr, dont le phare de Kermorvan fait partie.

L'avant-port du Conquet est équipé d'un quai d'embarquement de passagers. Si la traversée

La Maison des Seigneurs au Conquet.

vers les îles est une économie rentable grâce aux navettes incessantes de touristes en été, il ne faut pas oublier que la desserte de l'île d'Ouessant et de l'archipel de Molène se fait toute l'année pour assurer la distribution du courrier, le ravitaillement des commerces, les besoins des insulaires, le passage des enseignants. La ligne n'est interrompue que lors de conditions météorologiques exceptionnelles.

Sentier côtier à la pointe de Corsen.

CORSEN GÉOGRAPHIQUE ET STRATÉGIQUE

Pour les géographes, la pointe de Corsen (latitude de 48°25′ nord, longitude de 04°47′05″ ouest) signale le début de la Manche ; d'autres placent la limite Manche/Atlantique à l'embouchure de l'aber Ildut. Quoi qu'il en soit, la pointe de Corsen est un lieu stratégique. Le Cross (Centre régional opérationnel de surveillance et de sauvetage) y est établi. Ce service de la Marine nationale a pour mission l'assistance aux navires et aux équipages pour la zone allant de la baie du Mont-Saint-Michel à la pointe de Penmarc'h. Au-delà, il en laisse la responsabilité au Cross Jobourg, au nord, et au Cross d'Étel, au sud.

LE PHARE DE TRÉZIEN

Le phare de Trézien est une construction à terre – un « paradis » dans le vocabulaire des gardiens – qui sécurise la navigation dans le chenal du Four. Il se situe au bout d'une longue allée bordée d'hortensias.

Le phare de Trézien à Plouarzel.

Distance : **4,5 km** | Dénivelé : **38 m** | Horaire : **1 h 15**

05. ENTRE PORSPODER ET ARGENTON

Aucune difficulté pour cette balade qui permet de découvrir le littoral de Porspoder et Argenton, les presqu'îles de Saint-Laurent et du Vivier et d'apercevoir, au loin, le phare mythique du Four.

Contourner l'église et prendre la rue de Keravel. Tourner à gauche dans la rue Cawsand-Kingsand en direction du GR®. Longer la grève vers la droite, jusqu'à la presqu'île Saint-Laurent ❶ (possibilité de faire le tour de la presqu'île : 2 km). Poursuivre sur le GR® en longeant la grève jusqu'à la presqu'île du Vivier. Laisser la presqu'île du Vivier et se diriger à droite vers Argenton : traverser la D 27 et filer en face (légèrement sur la gauche) dans le chemin de Mézou-Vourch. Traverser la cité et tourner à droite dans le chemin du Cruguel. Au carrefour ❷ filer à gauche en direction de Keroustad. Au carrefour, poursuivre tout droit vers le Créac'h. Après le hameau du Créac'h, tourner à droite dans un chemin de randonnée balisé ❸. Le chemin rural débouche dans la ruelle Kerdelvas Nevez. Au carrefour, tourner à gauche dans la rue de Kerdelvas qui descend tout droit à l'église.

Le lagon, la presqu'île Saint-Laurent et, au loin, le phare du Four.

Maisons à Porspoder.

Accès : quitter Brest par la D 5 direction Saint-Renan. Contourner Saint-Renan par la D 105, puis la D 68 direction Argenton-Porspoder. À Argenton, tourner à gauche sur la D 27 direction Porspoder. Au bourg de Porspoder, rejoindre l'église.
Départ : parking de l'église de Porspoder.
But : découvrir la côte sauvage de Porspoder et Argenton. Apercevoir le phare du Four au large d'Argenton.
Point culminant : 35 m
Difficulté : aucune
Balisage : GR® en partie
Saison : toute l'année ; en été pour se baigner, en hiver pour admirer (de loin) les tempêtes sur la côte déchiquetée.
Carte : IGN 0416 ET
Infos : O.T. Iroise Bretagne, 1, rue François-Squiban, 29830 Ploudalmézeau, 02 98 89 69 46 www.iroise-bretagne.bzh

+ P'TITS PLUS +

• Solidement amarré au port d'Argenton, le bateau *Fleur des thés* est un salon de thé pour le moins original. Dans le carré de cet ancien bateau de pêche, l'ambiance est cosy, l'accueil chaleureux et les thés savoureux. Route de la Cale, 29840 Landunvez, 02 98 89 97 64.

Le mouillage de Porz Doun à Argenton.

Chaos rocheux dans un jardin du bourg de Porspoder.

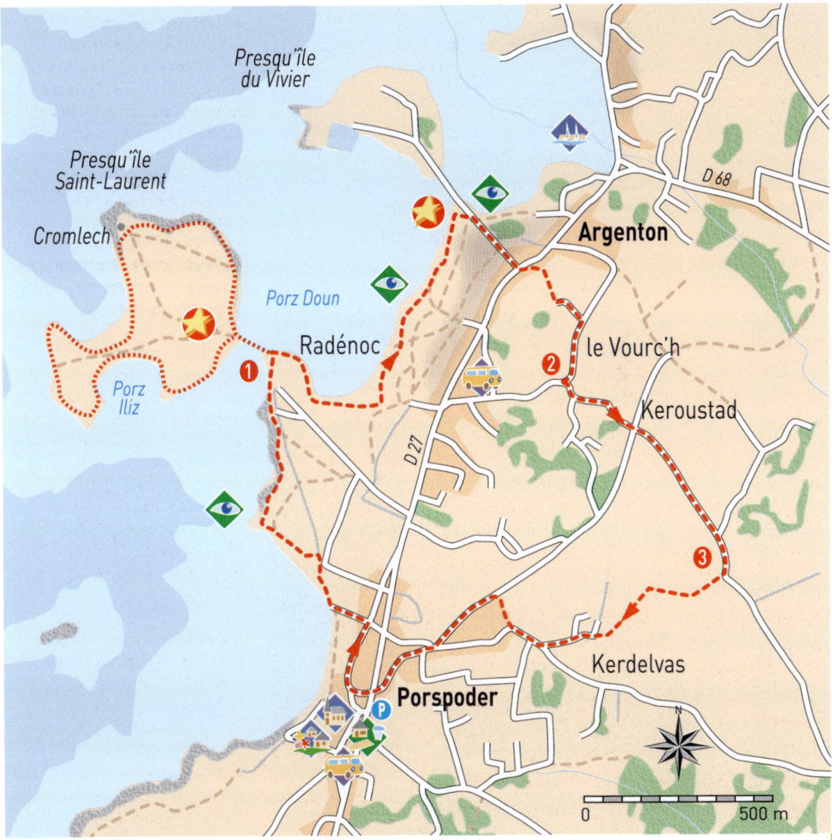

Pêche de plaisance et pêche professionnelle se côtoient à Lanildut.

TERRES D'ÉVANGÉLISATEURS

Le saint gallois Ildut aurait choisi cette côte inhospitalière pour y installer son ermitage : Lanildut. Il a donné son nom à l'aber Ildut, un port abrité au passé florissant. Reconverti dans l'exploitation goémonière, il est aujourd'hui le premier port européen de débarquement d'algues.

Au nord de ce littoral, une chapelle simple, surmontée d'un clocheton, est ancrée sur la roche. Elle est placée sous le vocable de saint Samson, disciple de saint Ildut.

LES MAÎTRES DE BARQUES

Du port de l'aber Ildut au port d'Argenton en passant par l'île Melon, la puissante paroisse de Porspoder organisait le commerce maritime entre le nord et le sud de l'Europe. Ces trafics, et particulièrement celui du vin, ont fait la richesse du pays. Les maisons de maîtres de barques, édifiées au XVIIe et XVIIIe siècles, demeurent les témoins de cette fortune. Bâties en granit local, elles se distinguent par des éléments d'architecture spécifiques : lucarnes de pierre, fenêtres d'angle ou de pignon pour guetter l'horizon et de massives souches de cheminée coiffées en demi-lune. On les repère à Porspoder et à Lanildut.

Fronton de lucarne et souche de cheminée sommée d'une demi-lune, typiques des maisons de maîtres de barques.

Vue sur le phare du Four depuis Porspoder.

DES PHARES

Le chenal du Four est le passage maritime entre la côte léonarde et les îles. Malgré les phares de Saint-Mathieu et de Kermorvan, le balisage était insuffisant. À la demande des marins, il fut décidé de signaler par des phares la roche du Four au large d'Argenton, et les Pierres noires au sud de l'île de Béniguet. Les gardiens de phares en mer les nommaient «enfers», car les vagues s'y fracassent de plein fouet. La relève des gardiens s'effectuait par la vedette des Phares et Balises au moyen du cartahu, un câble équipé d'une poulie duquel pendait un siège sur lequel était harnaché le gardien... quand le temps le permettait, bien sûr!

Mouillage atypique et historique au port de Mazou, commune de Porspoder.

À PROXIMITÉ

MELON ET MAZOU

L'île Melon, qui doit son nom à un obscur saint d'outre-Manche, compte de nombreux vestiges dont un dolmen à couloir. Le minuscule port bénéficiait d'un système défensif dont subsistent une guérite et un corps de garde.

À deux pas, le petit port de Mazou offre une particularité remarquable: niché dans les chaos rocheux, il est toujours équipé de pieux d'amarrage, un système portuaire qui remonterait au Moyen Âge.

Distance : **5 km** | Dénivelé : **40 m** | Horaire : **1 h 15**

06. DE PLAGES EN GRÈVES À PORTSALL

Ici, le panorama maritime est multiple : les nombreux rochers rappellent la dangerosité des parages nautiques, les grèves sont des havres aux nombreux mouillages et les plages déroulent leur cordon de sable fin.

Rebrousser chemin sur le quai du port et repérer le GR® qui s'éloigne vers la gauche dans la rue des Pêcheurs. Tourner à gauche dans la rue de Kerdéniel puis filer tout droit dans le chemin du Beg qui rejoint la grève au niveau de la pointe de Penvir ❶. Longer la plage par le sentier côtier, contourner quelques maisons par un escalier et retrouver la plage. Continuer par la grève (ou contourner par la route à marée haute), puis couper la cale de Port Geffroy. Poursuivre par le GR®, rester sur le sentier côtier jusqu'à longer par un parapet, une maison en bord de mer. Après la maison ❷, quitter le GR® et traverser la route : prendre tout droit dans la rue de Kerros. Au carrefour, poursuivre tout droit dans la rue de Porsguen. À la fourche, suivre la voie de droite et, au croisement ❸, tourner à droite dans la rue de Kerguénégan (en direction du port). Traverser et poursuivre dans la rue de Kernédiel. Virer à gauche après l'impasse de Guel al Len dans la rue de Normandie et partir à droite dans la rue de Kerdéniel. Au croisement, poursuivre à gauche, toujours rue de Kerdéniel. Virer dans la première rue à droite : la rue des Pêcheurs rejoint le quai du port qui mène à droite vers le point de départ.

Amer et feu à la pointe de Penvir.

Accès : quitter Brest par Bohars, sur la D 26, vers Ploudalmézeau. Contourner le bourg direction Portsall. Traverser le port jusqu'au centre nautique et la station SNSM et rejoindre le parking près de l'ancre de l'*Amoco Cadiz*.
Départ : parking du port, près de l'ancre de l'*Amoco Cadiz*, devant le centre nautique et la station SNSM.
But : découvrir la côte acérée où fit naufrage le pétrolier *Amoco Cadiz* en mars 1978. Se baigner en été sur les belles plages de sable fin.
Point culminant : 15 m
Difficulté : aucune, très faible dénivelé
Balisage : GR® en partie
Saison : toute l'année ; en été pour se baigner, en automne et en hiver pour admirer les grandes houles de la Manche.
Carte : IGN 0416 ET
Infos : O.T. Iroise Bretagne, 1, rue François-Squiban, 29830 Ploudalmézeau, 02 98 89 69 46 www.iroise-bretagne.bzh

Calme plat dans l'anse de Portsall.

Portail en granit, porte bleue et hortensias : un résumé de la Bretagne.

Mouillage de Porsguen à Portsall.

DÉCOUVERTE

NAUFRAGE ET MARÉE NOIRE

L'ancre exposée au port de Portsall rappelle ce sombre jour de mars 1978, quand la côte du Finistère Nord s'englua sous les tonnes de pétrole de l'*Amoco Cadiz*. Pris dans la tempête, ce pétrolier mouillé au large chassa, sous l'action du vent et du courant, sur cette ancre pesant 20,5 t, dont les pattes se brisèrent sous l'effort. L'*Amoco Cadiz* vint s'échouer le 16 mars 1978 sur les roches de Men Goulven, à une centaine de mètres du phare de Corn Carhai, provoquant la plus grande marée noire du siècle.

MARÉE

Sur la côte léonarde, le paysage est en perpétuelle métamorphose : avec le jusant (marée descendante), les berges enherbées bordées d'eau sont vite soulignées du trait noir des goémons, puis la mer, comme aspirée, laisse place aux rochers puis à des grèves ou de grandes vasières grises et luisantes. Ensuite, la mer remonte et submerge tout : le paysage est ainsi modifié plusieurs fois par jour.

Les marées dont les coefficients changent ont un flot et un jusant plus ou moins notables. La

L'ancre de l'*Amoco Cadiz* de sinistre mémoire, à Portsall.

Grève de Portsall au pied du centre nautique.

Manche, que les Britanniques nomment « Channel », est en fait un chenal qui amplifie le phénomène des marées. À mesure qu'on se déplace vers l'est dans la Manche, la zone d'estran, c'est-à-dire la zone couverte puis découverte par la marée, est plus étendue.

ANNEXE ET GODILLES

Pour rejoindre leurs bateaux mouillés dans le port, les plaisanciers utilisent de petits bateaux colorés, le plus souvent en plastique, appelés annexes. Ils se propulsent à la godille, c'est-à-dire avec un seul aviron, installé à l'arrière de l'annexe, auquel ils font faire de puissants mouvements de huit dans l'eau, à la force du poignet. Tout un art !

À PROXIMITÉ

LES ABERS, FJORDS BRETONS

« Aber » est le terme celtique commun aux langues galloise et bretonne pour désigner la vallée d'un fleuve côtier que la mer envahit à chaque marée. Des petits ports y nichent à l'abri des vents dominants. Il correspond au fjord norvégien ou écossais, à la ria espagnole ou portugaise, et à l'aven du Finistère Sud. Les deux grands abers qui rompent le littoral nord-ouest du Finistère sont l'aber Benoît, aussi appelé aber Béniguet, et l'aber Wrac'h.

Rives boisées au fond de l'aber Wrac'h.

Distance : 4,8 km | Dénivelé : 71 m | Horaire : 1 h 15

07. L'EMBOUCHURE DE L'ABER BENOÎT À BEG AR VILL

À l'embouchure de l'aber Benoît, cette courte balade décline les ambiances maritimes : l'aber aux rives boisées, les chantiers ostréicoles, le petit port, la chapelle au bord de la grève, le grand large et la belle plage au sable fin.

Par la route de An Treiz, rejoindre le terre-plein du port. Trouver le sentier côtier derrière les installations ostréicoles ❶. Doubler le petit port du Vill et poursuivre par le sentier côtier. Doubler la pointe et rejoindre l'anse de Broennou. Passer la chapelle et longer la plage. Quitter la plage en son milieu, là où se trouve un parking ❷. Traverser la route et poursuivre en face dans une petite route qui file tout droit en se transformant en chemin enherbé. Au croisement des chemins, tourner à droite et déboucher sur une route : la prendre vers la droite. Au carrefour ❸, tourner à gauche. La route s'oriente vers la droite et débouche sur un carrefour marqué d'une croix : tourner à gauche. Doubler quelques maisons et tourner à droite en direction de Coum Vraz. Trouver le sentier côtier qui s'éloigne à droite en surplomb de la rivière. Il débouche sur une route : tourner à droite et retrouver le parking.

Les chantiers ostréicoles de Beg ar Vill vus depuis le port d'Ar Vill.

Sur le chemin côtier à Beg ar Vill.

Accès : quitter Brest par Gouesnou puis suivre la D 13 en direction de Lannilis. Avant Lannilis, bifurquer à gauche sur la D 113 direction Landéda. Quitter la D 113 en suivant à gauche la D 28 vers Tréglonou. Au rond-point, prendre la C 18 vers Landéda. Suivre le fléchage vers les Viviers de Prat ar Coum et Beg ar Vill. Au carrefour de Pen ar Creac'h, tourner à gauche. Un parking se trouve sur la gauche, à côté d'une aire de pique-nique.
Départ : parking de Pen ar Creac'h, Landéda.
But : découvrir l'embouchure de l'aber Benoît, le port et les chantiers ostréicoles de Beg ar Vill, ainsi que la belle plage de Broennou.
Point culminant : 44 m
Difficulté : aucune
Balisage : GR® en partie
Saison : toute l'année
Carte : IGN 0416 ET
Infos : O.T. du Pays des abers, 1, place de la Gare, 29870 Lannilis, 02 98 04 05 43
www.abers-tourisme.com

+ P'TITS PLUS +

• La plupart des chantiers ostréicoles proposent de la vente directe. Aux beaux jours, certains mettent à disposition des tables et des chaises pour déguster sur place.

La chapelle de Broennou face au large.

La pointe de Beg ar Vill.

DÉCOUVERTE

La marée basse découvre les tables ostréicoles où sont posées les poches d'huîtres.

OSTRÉICULTURE

Les vastes plages de sable et de vase permettent, outre la pratique de la pêche à pied, l'ostréiculture et la mytiliculture. Les chantiers ostréicoles sont à l'abri de l'aber Benoît à Beg ar Vill et à Prat ar Coum sur la commune de Landéda.

Pour obtenir une huître de taille respectable, capable de délier les papilles des plus fins gourmets, il faut d'abord un bébé huître : le naissain. Aujourd'hui, ceux-ci sont achetés âgés de deux mois, puis sont « semés » dans les parcs : pour cela, ils sont placés dans des poches en plastique aux larges mailles qui laissent passer l'eau apportant les éléments nutritifs. Ces poches sont disposées sur des tables dans la zone de balancement des marées. Ces ensembles de tables constituent les parcs, signalés par de hautes perches dont le sommet demeure immergé à marée haute. Les ostréiculteurs s'y rendent régulièrement, à marée basse, pour manipuler les poches : elles sont retournées plusieurs fois pour séparer les huîtres les unes des autres et assurer une croissance harmonieuse de chacune. Au bout de trois années, l'huître a atteint sa taille adulte. Elle est alors acheminée au chantier, sur la côte, où elle s'affine dans un bassin pendant quelques jours. La dernière opération avant la mise en vente est le calibrage : de 5 pour les plus petites, à 0 pour les plus grosses.

L'embouchure de l'aber Wrac'h.

À PROXIMITÉ

L'ABER WRAC'H

L'aber Wrac'h est le plus grand des abers bretons. Accessible aux bateaux à toute heure de la marée, il constitue une escale de choix. Son entrée est signalée par le phare de l'Île-Vierge, haute tour tronconique de 82 m. En été, il est possible de le visiter et de gravir les 392 marches qui mènent à la lanterne. Deux autres phares balisent l'aber Wrac'h : la maison-phare de l'île Wrac'h, reconnaissable à son sommet rouge, et la tour de Lanvaon, sur les collines (tour blanche au sommet triangulaire rougi). Le feu de Saint-Antoine est un feu de port.

Le feu de port de l'aber Wrac'h.

LE FORT DE CÉZON

Les embouchures des abers sont parsemées d'îlots dont certains sont accessibles à pied lors des grandes marées. L'îlot de Cézon est de ceux-là : il est accessible à pied à marée basse pendant 1 à 4 heures selon les coefficients. Il abrite une place forte édifiée par Vauban en 1694 pour bloquer l'entrée de l'aber Wrac'h et protéger le port des attaques anglaises.

L'îlot de Cézon.

Distance : 5,5 km | Dénivelé : 25 m | Horaire : 1 h 10

08. LILIA-PLOUGUERNEAU ET L'ÎLE WRAC'H

Une promenade facile, sans dénivelé, qui se déroule en grande partie en bord de mer et qui donne de beaux points de vue sur les phares de l'Île-Vierge et de l'Île-Wrac'h.

Depuis l'église, prendre la direction de la mer en longeant la route de Kervenni. À la plage de Kervenni ❶, longer la grève vers la gauche. Contourner la pointe de Grininoc (beau point de vue sur la haute tour du phare de l'Île-Vierge) et continuer sur le sentier côtier vers la plage de Saint-Cava (belle vue sur le phare de l'Île Wrac'h). Poursuivre sur le sentier côtier qui emprunte brièvement une route. Contourner la pointe de Kerazan Vraz : le sentier se transforme en petite route et rejoint le fond de la rivière à Beg ar Roz. Dans le fond de l'anse, avant la cale du port de Kerazan ❷, suivre le GR® qui s'éloigne à gauche. Doubler quelques terrains de loisir et rejoindre le bord de la grève. Doubler le hameau de Keridaouen sur la gauche et poursuivre par le chemin tout droit. Au stop, laisser le GR® et tourner à gauche dans une petite route gravillonnée. Au carrefour suivant ❸, tourner à droite : traverser les hameaux de Mechou Lelas puis Kerskao et rejoindre le bourg : l'église se trouve sur la gauche.

Sculpture contemporaine sur le sentier côtier ; au fond, le fût du phare de l'île Vierge.

Une croix de granit mangée de lichen.

Accès : quitter Brest par Gouesnou puis suivre la D 13 en direction de Lannilis et Plouguerneau. Dans Plouguerneau, suivre la direction Lilia-Plouguerneau par la D 71. L'église est sur la droite.
Départ : parking de l'église de Lilia-Plouguerneau.
But : découvrir le littoral de Lilia-Plouguerneau, apercevoir les phares de l'Île Vierge et de l'Île Wrac'h.
Point culminant : 15 m
Difficulté : aucune, le chemin est très praticable et sans dénivelé.
Balisage : GR® en partie
Saison : toute l'année ; l'été pour se baigner.
Carte : IGN 0416 ET
Infos : O.T. du Pays des abers, 6, place de l'Europe, 29880 Plouguerneau, 02 98 04 70 93 www.abers-tourisme.com

+ P'TITS PLUS +

- Une petite visite à l'écomusée des goémoniers permet d'en savoir plus sur l'histoire de l'exploitation locale des algues et les coutumes qui y sont liées. Rue Kenan-Uhella, 29880 Plouguerneau, 02 98 37 13 35.
- L'île Wrac'h est accessible à marée basse ; un panneau précise les horaires de passage sur la plage de Saint-Cava à Plouguerneau.

Le grand phare de l'île Vierge.

Session de paddle à la tombée du jour, sous l'île Wrac'h.

DÉCOUVERTE

Au Korréjou, les longues tranchées des fours à goémon ont été réhabilitées.

PAYS GOÉMONIER

La collecte du goémon est une activité majeure sur cette côte minérale déchiquetée du pays pagan; la mer déchale loin aux marées d'équinoxe et la récolte du goémon est fructueuse. Au XVIIIe siècle, une activité industrielle se met en place: le goémon est séché dans la dune puis brûlé dans des fours – de longues fosses creusées à même le sol et dallées, dont il subsiste des vestiges à Penn Enez. De cette cuisson résultent la soude indispensable à la verrerie et l'iode utilisée en médecine. Aujourd'hui, l'industrie des algues a des applications multiples: alimentaire, pharmaceutique, cosmétique.

KABIG ET CABAN

Le ramassage des algues dans une eau froide sur un littoral où le soleil est rare, voire absent, a donné lieu à une mode vestimentaire. La tenue du Pagan comporte le kabig et le calaboussen. Le kabig, la petite cape, est un vêtement de drap de laine. Il est muni d'une capuche pointue pour faire ruisseler la pluie et d'un manchon pour se réchauffer les mains. Il se ferme par des boutons de bois

Gros plan sur le goémon mis à sécher.

Chapelle Saint-Michel ; au premier plan, la cellule du missionnaire Le Nobletz.

tourné. Ce vêtement est taillé court pour permettre à celui qui le porte de s'immerger jusqu'à la taille pour travailler. Le calaboussen couvre la tête et les épaules à la manière d'un passe-montagne pour protéger du vent froid. La calotte est composée de plusieurs quartiers cousus d'un fil bien visible. Il comporte une petite visière en pointe qui se relève. Il est de toile bure ou bleue. Une mode à découvrir au musée des Goémoniers.

CHAPELLE SAINT-MICHEL

Proche du port du Korejou, la chapelle Saint-Michel fut édifiée et dédiée à l'archange. Elle occupe le centre d'un placître herbeux. Le petit édicule coiffé d'un clocheton est la cellule de Dom Michel Le Nobletz. Ce prêtre issu de la petite noblesse, né en 1577 à Plouguerneau et décédé au Conquet en 1652, est l'initiateur des missions et l'inventeur des taolennou, ces tableaux de mission imagés que le prêtre utilisait pour convaincre une population analphabète et peu soucieuse de religion qui pratiquait encore des rites païens autour de fontaines miraculeuses.

Silhouette de goémonier à l'entrée du musée de Plouguerneau.

Distance : 3,2 km | Dénivelé : 15 m | Horaire : 50 mn

09. LA POINTE DE PORSMEUR SUR LA BAIE DE KERNIC

Une balade en bord de mer, certes courte, mais avec un paysage sublime : une baie si vaste que les bancs de sable accueillent un hippodrome certains jours d'été...

Face à la pointe, tourner vers la gauche et prendre le sentier qui laisse la mer sur la droite. Cheminer dans le chemin sur l'herbe rase et rejoindre l'allée couverte qui émerge à marée basse et le petit port de Guinirvit. Poursuivre par le chemin qui serpente dans l'herbe entre les chaos rocheux. Au niveau de l'école de char à voile ❶, emprunter la petite allée qui quitte la plage et rejoint un gros bloc rocheux : poursuivre tout droit sur la route. Passer le hameau de Corn ar Scourn et tourner à droite : rejoindre la rue Porsguen, la prendre à gauche dans la contre-allée réservée aux piétons et cyclistes. Juste après le grand parking, tourner à gauche ❷ puis à droite pour rejoindre le front de mer. Face à la mer, s'orienter vers la gauche, avec la mer à droite. Continuer tout droit jusqu'à la pointe de Porsmeur.

Bateaux échoués dans la baie de Kernic.

Allée couverte en partie ensablée à Guinirvit.

Accès : depuis le bourg de Plouescat, suivre les directions Porsguen/Porsmeur. Avant de rejoindre le port de Porsguen, bifurquer à gauche vers Porsmeur par la rue de Pen an Theven. Il y a quelques places de stationnement autour des toilettes, à la pointe, et dans l'allée de Porsmeur.
Départ : pointe de Porsmeur, Plouescat
But : observer l'incroyable estran de la baie de Kernic.
Point culminant : 10 m
Difficulté : aucune. La balade est courte et sans dénivelé.
Balisage : aucun
Saison : toute l'année, tous les jours : sous l'effet des marées, ce paysage est en constant renouvellement. La baignade est tentante en été, mais gare aux courants.
Carte : IGN 0416 ET
Infos : O.T. Lesneven Côte des Légendes
Village de Meneham, 29890 Kerlouan, 02 98 83 95 63
www.tourisme-lesneven-cotedeslegendes.fr

+ P'TITS PLUS +

- Autour des halles de Plouescat, se tient le marché le samedi matin. L'occasion de découvrir les légumes des producteurs locaux, notamment l'artichaut, un incontournable de la région.

Vieilles plates sur le sable.

Au-delà de la baie de Kernic, vue sur les dunes de Keremma.

DÉCOUVERTE

Matin calme au mouillage de Poulennou sur la côte de Cléder.

LA BAIE DE KERNIC

Le fleuve côtier, le Kernic, se jette dans la Manche au niveau de cette vaste baie ensablée. L'estuaire abrite un petit port d'échouage où émerge, à basse mer, une allée couverte que la montée des eaux a gagnée. L'été, des courses hippiques sont organisées sur cet immense espace ensablé. Kernic se transforme alors en hippodrome de plein air et naturel.

À PROXIMITÉ

LE GRAND PARDON DU FOU DU BOIS

Au Folgoët, se tient le grand pardon du Léon. Le *fol ar c'hoët*, c'est le fou du bois. Le fou, c'est Salaün (Salomon) : un simple d'esprit qui vit dans le bois, et à qui la Vierge apparaît. En 1358, alors que le *fol* est mis en terre, on assiste au miracle : un lys lui sort de la bouche qui porte en lettres d'or « Ave Maria ».

Sorti vainqueur de la guerre de Succession, le duc Jean IV de Montfort décide d'ériger un sanc-

La basilique du Folgoët.

Charpente de la halle de Plouescat.

tuaire au Folgoët. Achevé au début du XVe siècle, il devient collégiale puis basilique. Anne de Bretagne, François Ier et Anne d'Autriche y vinrent en pèlerinage. Le pèlerinage s'y tient toujours, chaque premier dimanche de septembre.

LA HALLE DE PLOUESCAT

Au centre du bourg de Plouescat, se dresse ce que le Breton désigne par le terme *koc'hu*. Qui se traduit par « cohue » et qui est la halle : le lieu où se tient le très achalandé marché. La halle de Plouescat remonte au début du XVIe siècle ; elle est constituée d'une vaste charpente de bois équarri posée sur des piliers. L'ensemble est ouvert de tous côtés. Les marchands s'installent dans les travées alors que la nef centrale est réservée aux chalands. Le toit est couvert d'ardoises rustiques du pays et d'essentes aux pignons.

Au XIXe siècle, sa vaste toiture, alors éclairée par des lucarnes, abrita le bureau d'état civil puis une salle de classe. Ces affectations variées ont assuré sa sauvegarde. La halle de Plouescat est l'une des quatre dernières « cohues » de Bretagne.

GOULVEN AU FOND DE LA BAIE

À l'ouest de la baie, au-delà du lotissement de Keremma, Goulven est un village rural endormi, loin de la rumeur des flots. Le bourg de Goulven est pourtant proche de la plage… mais loin de la mer. La baie est immense : le petit fleuve côtier, le Flèche, coule au travers d'une vaste étendue de sable, de vase et d'herbus que la marée envahit.

Le chantier de l'église dédiée à saint Goulven commence à la fin du XVe siècle pour s'achever au début du siècle suivant. L'orgueil s'exprime dans la démesure de la tour du clocher : daté de 1680, il rivalise avec celui du Kreisker à Saint-Pol-de-Léon. Le mur du presbytère conserve des éléments de défense qui rappellent que le danger était permanent sur la côte.

Distance : 6,3 km (+ 1,6 km pour l'aller-retour jusqu'à la chapelle de Prat-Coulm) | Dénivelé : 30 m | Horaire : 1 h 30

10. L'ANSE DU GUILLEC À PLOUGOULM

Cette promenade longe un large estuaire qui offre de belles plages protégées et débouche face au port de Moguériec d'où la vue est spectaculaire vers Sieck et l'île de Batz. Le retour se fait au milieu des champs de légumes.

Depuis le parking, franchir le petit pont sur le Guillec et prendre la petite route qui monte vers la gauche. Suivre le fléchage du GR® pour trouver, après quelques maisons, sur la gauche, un sentier côtier en direction de Toul an Ouch ❶. Le sentier longe la rivière, contourne une maison par une volée de marches, traverse un parking et mène jusqu'à la pointe de Pen an Dour qui offre une vue sur le port de Moguériec à l'embouchure du Guillec. Le circuit traverse un parking ❷ et se poursuit le long du GR® sur la rive de l'Horn. Après une cale, déboucher dans un hameau et prendre en face, la rue du Guillec (fléchage en jaune). Prendre la seconde route à gauche en direction de Sibiril par la Véloroute n° 5 ❸. Traverser des champs et déboucher sur une route : la prendre vers la gauche (toujours fléchage en jaune). Au carrefour, suivre la V 5 vers la droite en direction de Sibiril et rejoindre le petit pont du Guillec.

Il est possible de poursuivre cette balade (1,6 km pour l'aller-retour) : traverser la route en face du pont, monter jusqu'à la D10 et traverser (avec précaution). Au fond du parking, trouver à gauche un chemin enherbé : il débouche sur une clairière où se tient la jolie chapelle de Prat-Coulm.

Depuis les hauteurs, vue sur les champs qui bordent le Guillec.

Fontaine votive à Prat-Coulm.

Accès : traverser le bourg de Plougoulm par la D69 en laissant l'église à gauche. Au carrefour, tourner à gauche sur la D10 en direction de Sibiril. Tourner dans la première rue à droite en direction du camping du Bois de La Palud. Poursuivre tout droit sur cette route jusqu'au ruisseau du Guillec où se trouve un parking.
Départ : parking du Guillec, en contrebas de la D10 Sibiril - Saint-Pol-de-Léon.
But : découvrir l'embouchure du Guillec, le port de Moguériec et le panorama sur Sieck.
Point culminant : 25 m
Difficulté : aucune
Balisage : GR® puis jaune, puis Véloroute n° 5.
Saison : toute l'année ; en été pour se baigner.
Carte : IGN 0515 ET
Infos : O.T. Roscoff Côte des Sables, place Charles-de-Gaulle, 29233 Cléder, 02 98 69 43 01 www.roscoff-tourisme.com

+ P'TITS PLUS +

- En été, sur le parking de la plage du Dossen, s'installe un Beach Camp. L'occasion de savourer glaces, boissons et petits plats bio.
- Le camping municipal des Dunes à Santec est idéalement situé entre la pinède et la plage, 590, rue de Theven, 29250 Santec, 02 98 29 75 34.

Les berges du Guillec à marée basse.

Le feu du port de Moguériec depuis la pointe de Pen an Dour.

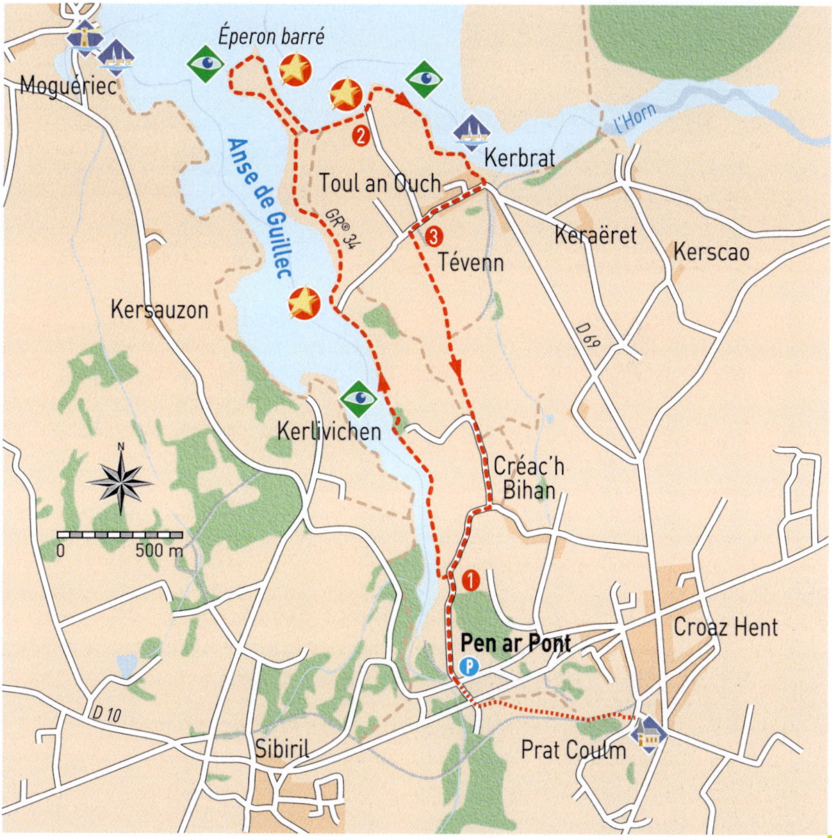

DÉCOUVERTE

Bateau ex-voto suspendu dans la chapelle Prat-Coulm à Plougoulm.

LA CHAPELLE DE PRAT-COULM

Au milieu des champs de choux-fleurs, un petit pli de terrain à l'écart de la route offre un écrin à une petite chapelle entourée de gazon. Là coule une fontaine que l'on disait miraculeuse et qui recevait les dévotions des mères dont les enfants tardaient à gambader.

Le culte ancien a eu un premier édifice sous le vocable de Notre-Dame de la Visitation. L'édifice ruiné fut remplacé au milieu du XIXe siècle par l'actuelle chapelle.

Prat, c'est le pré; Coulm, la colombe. L'oiseau symbolise l'âme du jeune duc Arthur assassiné en 1203 et, dans la chapelle, la légende du jeune duc martyr dont l'âme vole sans fin est bien présente: le voile immaculé d'une vierge à l'enfant-roi, la maçonnerie chaulée et la voûte blanchie qui accueille en ex-voto une frégate blanche comme une colombe.

LE PORT DE MOGUÉRIEC

Le petit port de Moguériec est situé à l'embouchure de l'estuaire du Guillec, un petit fleuve côtier qui fait frontière entre Sibiril et Plougoulm.

Moguériec, cerné de murs, est protégé par une jetée qui porte un phare. Son bassin qui assèche est bordé de quais imposants. Si la pêche y est toujours pratiquée, le port est désormais principalement dévolu aux plaisanciers qui y échouent nombreux.

À basse mer, le Guillec est un long méandre de sable d'une rare blancheur. Plages et dunes contrastent fortement avec les blocs de béton qui protègent le mouillage.

LE DOSSEN ET SIECK FONT SANTEC

Santec se divise en trois lieux: le bourg, l'île de Sieck et le Dossen.

Le Dossen est un ancien village devenu un quar-

Le feu de port de Moguériec a la particularité d'avoir un fût métallique.

tier de Santec. Sa plage de sable fin est un haut lieu des sports nautiques. Elle est bordée par une très belle pinède formant forêt domaniale.

L'île de Sieck est une propriété privée, mais l'accès est toléré à condition de demeurer sur le sentier aménagé. L'île est reliée à la grande plage par un cordon de sable qui découvre à marée basse (l'île est inaccessible 2 h 30 avant et après la pleine mer). Les vestiges témoignent de sa riche histoire : des ouvrages militaires, une ferme, une conserverie qui a servi de prison, une école primaire, un hameau de pêcheurs, des fours à « gouémon ». Les maisons de l'île et les ruines du corps de garde sont propriété privée.

Beach-street art à Sieck.

Un tombolo permet de rejoindre l'île de Sieck à marée basse.

Distance : 3,2 km | Dénivelé : 13 m | Horaire : 45 mn

11. LE VIEUX ROSCOFF

Une flânerie dans les ruelles du vieux Roscoff à la découverte de son église, de son laboratoire maritime et de ses grèves bordées d'établissements de soin. Car à Roscoff la mer est thérapeutique.

Depuis l'église Notre-Dame-de-Croas-Batz, trouver le GR® à l'angle de la station biologique place Georges-Teissier. Rejoindre le front de mer ❶ et suivre la promenade du Docteur-Victor-Lefranc. Contourner par la mer (ou, selon la marée, par la rue Victor-Hugo), le centre de rééducation Kerléna : doubler ainsi la thalassothérapie Valdys, autrefois centre Rockroum, le plus ancien de la ville, et le centre de rééducation Saint-Luc. Quitter la plage par un escalier et prendre la rue du Calvaire, tourner à droite dans la rue Marquise-de-Kergariou, puis à nouveau à droite dans la rue de Groa Rouz, qui ramène vers le GR® en bord de mer. Suivre le sentier vers la gauche et déboucher route du Laber ❷. Prendre à gauche la rue de la Baie, puis encore à gauche la rue de la Vieille-Forge qui devient la rue des Corsaires puis la rue de Bir-Hakeim. Tourner à gauche dans la rue du Docteur-Louis-Bagot et, immédiatement à droite, dans la venelle Roc'Higou. À l'angle de la dernière maison, avant de rejoindre la rue Albert-de-Mun ❸, trouver à gauche l'impasse Corbière entre deux murs. Tourner à droite dans la rue Édouard-Corbière qui mène à Notre-Dame-de-Croas-Batz.

Fronton et clocher Renaissance, typiques de l'architecture roscovite.

Accès : rejoindre Roscoff et suivre la direction Centre-ville/Église Notre-Dame-de-Croas-Batz.
Départ : place de l'église Notre-Dame-de-Croas-Batz, Roscoff
But : découvrir la vieille ville de Roscoff et la baie du Laber
Point culminant : 10 m
Difficulté : aucune
Balisage : GR® au début
Saison : toute l'année
Carte : IGN 0515 ET
Infos : O.T. Roscoff Côte des Sables, quai d'Auxerre, 29680 Roscoff, 02 98 61 12 13 www.roscoff-tourisme.com

+ P'TITS PLUS +

• Pour comprendre l'histoire incroyable des vendeurs d'oignons en Grande-Bretagne, la maison des Johnnies propose une exposition dans une ancienne ferme : 48, rue Brizeux, 29680 Roscoff, 02 98 61 25 48, www.roscoff.fr/-Maison-des-Johnnies-et-de-l-Oignon

Villa balnéaire sur le front de mer de Roscoff.

Établissements de soin par l'eau de mer sur la corniche de Roscoff.

Notre-Dame-de-Croas-Batz surplombe les champs de choux.

DÉCOUVERTE

L'ESPRIT MARITIME DE ROSCOFF

La fortune des Roscovites est venue, à partir du XVIe siècle, du commerce des toiles de lin appelées «rosconnes», puis du trafic du vin, acheté dans la péninsule Ibérique et vendu frauduleusement sur les côtes anglaises. Les nombreuses caves donnant sur la grève facilitent ce trafic interlope. Roscoff arme aussi à la grande pêche à la morue. Toutes ces activités voient leur déclin à la fin de la monarchie. Le vieux port a aujourd'hui une petite activité de pêche et de débarquement d'algues.
À deux pas du vieux port, par-delà la pointe Sainte-Barbe, le port du Bloscon est un port d'embarquement. Il a été aménagé en 1972 pour accueillir la ligne de car-ferry opérant entre Roscoff et Plymouth dans le but de distribuer les primeurs sur le sol britannique. La compagnie, devenue Brittany Ferries, relie aujourd'hui la Bretagne et la Normandie à l'Angleterre, l'Irlande et l'Espagne.

LA VIEILLE VILLE ROSKO-GOZ

Le Rosko Goz, la ville d'origine, était situé dans un minuscule estuaire, le bien nommé Laber, à l'abri de la presqu'île de Perharidy. Pillée et détruite par les Normands puis les Anglais, la cité est reconstruite au XVIe siècle sur le site de Croaz Baz, la croix de l'île de Batz. Les armateurs y décident la construction d'un grand quai.
En 1515, la population entreprend l'édification d'un quartier gagné sur la mer et d'une église digne de leur rang: Notre-Dame-de-Croas-Batz. D'abord trêve dépendant de la puissante paroisse de Saint-Pol, siège épiscopal, elle devient paroisse en 1549. Roscoff est érigée commune à la faveur de la Révolution.

Récolte du goémon sur la cale du vieux port.

Échauguette et canon, souvenirs des corsaires roscovites.

CHOUX, CHOUX-FLEURS ET ARTICHAUTS

Avant de retrouver l'église Notre-Dame-de-Croas-Batz, cette promenade emprunte une venelle qui court entre deux hauts murs. Un portail laisse entrevoir un champ – en plein cœur de la ville! – planté, selon les années, de choux, de choux-fleurs ou d'artichauts! Il perpétue le souvenir du jardin que les capucins commencèrent en 1622 dans le bourg et qui servit de modèle à toute une région: les paysans abandonnent le blé et le lin pour faire pousser des choux, des artichauts, des choux-fleurs et des carottes, en conservant l'usage du goémon, riche et disponible amendement local.

L'AVENTURE DES JOHNNIES

En 1828, une gabare quitte le port de Roscoff chargée de sacs d'oignons que quatre cultivateurs léonais destinent à la vente sur le marché anglais. Le trafic légumier est né: les Roscovites exportent les légumes primeurs et importent le charbon, les métaux et les tissus produits en masse dans la nouvelle société britannique. Ces aventuriers expatriés se regroupent par paroisse pour former des compagnies de marchands ambulants poussant leur bécane chargée de tresses d'oignons. Surnommés «Johnnies» par les Britanniques qui peinent à les comprendre, ils partent chaque année à la fin de l'été pour une campagne de vente au porte à porte. Ces bretonnants trouvent le meilleur accueil en Cornouailles et au pays de Galles où ils sont mieux compris.

Marchand d'oignons présentant sa tresse.

Distance : **7 km** | Dénivelé : **30 m** | Horaire : **1 h 50**

12. SAINT-POL-DE-LÉON CÔTÉ MER

Cette jolie promenade sans dénivelé offre de beaux points de vue sur l'embouchure de la Penzé, Carantec, l'îlot Sainte-Anne et, au loin, le port du Bloscon et le va-et-vient des ferries.

Suivre le quai de Pempoul vers la droite (avec la mer à gauche) puis la promenade du Petit-Nice (GR®). Rester le long de la grève, longer le haut mur d'enceinte de propriété du château et suivre le parapet pour franchir la digue de l'étang ❶. Suivre la grève et doubler la pointe de Kérigou. Couper la route d'accès à la grève (qui mène à droite vers la chapelle et le colombier de Kérigou) et poursuivre toujours le long de la grève vers les pointes de Bouillennou et Saint-Jean. Doubler la pointe Saint-Jean. Déboucher sur une petite route ❷ : l'emprunter vers la gauche, toujours le long de la mer. La route s'oriente vers la droite et quitte la grève. Au croisement en T, laisser le GR® vers la gauche et partir à droite. Tourner ensuite à droite dans la voie sans issue Pen ar Stang ❸. À la patte d'oie des entrées de propriété, filer tout droit et longer un champ. Retrouver la grève : tourner à gauche. Rejoindre la digue ❶ et le parapet puis suivre le chemin jusqu'au port.

La belle digue courbe de l'étang de Kernevez à Saint-Pol-de-Léon.

Colombier octogonal de la chapelle Saint-Charles-Borromé.

Accès : dans le bourg de Saint-Pol-de-Léon, trouver la chapelle du Kreisker : à l'angle de la chapelle, suivre la direction Chapelle Saint-Pierre par la D769, rue du Verderel. Aux deux ronds-points, suivre tout droit la direction Plages-Port, aire de camping-car. Rejoindre le port par la rue du Port.
Départ : port de Pempoul, Saint-Pol de Léon
But : découvrir le port de Pempoul et les vastes panoramas sur Saint-Pol, Carantec et Roscoff.
Point culminant : 15 m
Difficulté : aucune
Balisage : GR® au début
Saison : toute l'année, en été pour se baigner.
Carte : IGN 0515 ET
Infos : O.T. Roscoff Côte des Sables, place de l'Évêché, 29250 Saint-Pol-de-Léon, 02 98 69 05 69 www.roscoff-tourisme.com

+ P'TITS PLUS +

- À l'entrée de la presqu'île Sainte-Anne, L'*Effet Mer* est un bistrot de plage éphémère qui s'installe le temps de l'été. On y savoure des glaces, des crêpes et des petits plats sympas les pieds dans l'eau, et on y déguste la bière locale, la Voie B, brassée par le patron.

Vers la pointe de Bouillennou.

Sillon de sable sur la grève de Kervigou.

DÉCOUVERTE

UNE CATHÉDRALE

C'est sur l'île de Batz que Paul-Aurélien a terrassé le dragon, mais c'est sur le continent qu'il fonde l'évêché du Léon. Dans cette ville qui porte son nom, le patrimoine religieux est important. La cathédrale, entourée du palais épiscopal et de bâtiments conventuels, occupe le centre de la ville. Une visite s'impose. À ne pas manquer : les « étagères de la nuit », qui regroupent un ensemble de boîtes à crânes rescapées de l'ancienne pratique de l'ossuaire. À voir aussi : un ciborium en forme de palmier qui surplombe des parqueteries ; un rare buffet d'orgues d'architecture classique mis en trompe l'œil au moyen d'un damier vu en perspective.

L'effet de perspective des orgues de la cathédrale est accentué par un damier en trompe l'œil.

Les émouvantes et mystérieuses « étagères de la nuit » dans la cathédrale de Saint-Pol-de-Léon.

Dans le soleil couchant, la chapelle Saint-Pierre prend des allures de mission du Nouveau-Monde.

DES CLOCHERS

La magnifique chapelle du Kreisker porte le plus haut clocher du pays sainpolitain. La visite de la tour est possible en été et offre une vue panoramique sur la ville.

Sur la route du port de Pempoul, la chapelle Saint-Pierre, enclose dans le cimetière, arbore son curieux pignon baroque. Le mur d'enceinte compte encore neuf ossuaires où les boîtes à crânes étaient disposées en ligne.

Sur le parcours de la balade, la petite chapelle de Kérigou a la particularité de posséder un pigeonnier dans son enclos.

TERRE DE LÉGUMES

Sur cette portion de la côte nord de Bretagne, le terroir est propice aux cultures légumières : le sol formé d'alluvions limoneuses est profond. Il est enrichi par les amendements naturels disponibles en quantité que sont les algues et le sable marin. Au XVIIe siècle, l'évêque de Léon tente, dans son potager, la culture d'un légume royal, le prince des chardons : l'artichaut. Au XVIIIe, c'est un autre évêque, surnommé « Eskop ar patatez » (l'évêque des patates), qui enjoint ses ouailles de cultiver le curieux tubercule, popularisé par Parmentier. Au XIXe siècle, le chou-fleur est importé de Naples. Créée en 1970, la marque Prince de Bretagne rassemble 6 coopératives et propose une gamme de 25 légumes. La Sica de Saint-Pol, le groupement de producteurs à qui appartient la marque, s'est aujourd'hui diversifiée dans l'horticulture.

Tête d'artichaut camus.

Distance : 4,3 km | Dénivelé : 55 m | Horaire : 1 h

13. CARANTEC BALNÉAIRE ET PANORAMIQUE

Après avoir traversé les chantiers ostréicoles, le sentier côtier permet de découvrir le phare des Triagoz, puis le château du Taureau et l'île Louët : cette balade est un enchantement !

Rebrousser chemin sur le parking et s'orienter vers la gauche, avec la mer à droite. Trouver le GR® qui prend le sens interdit derrière le chantier ostréicole. Prendre un escalier vertigineux et s'engager dans l'impasse de Pors Trez. Au rond-point ❶, tourner à droite dans la rue de Pen-al-Lann. Après la maison n° 15, tourner à droite et retrouver le sentier côtier qui traverse des chantiers ostréicoles. Longer un parapet et rejoindre par un escalier le couvert des sapins. Doubler la pointe de Pen al Lann, la plage de Tahiti et rejoindre un parking par une volée d'escaliers ❷ : prendre le GR® en face, en laissant la pointe du Cosmeur à droite. Redescendre et longer les plages du Cosmeur et du Penquer et rejoindre la plage du Kelenn. Traverser le parking ❸ et emprunter la rue de Bir-Hakeim qui se poursuit par la rue du Carros. Au niveau du n° 9 bis, bifurquer à gauche dans la rue de Tourville. Au sortir de la rue de Tourville, tourner à gauche dans la rue Pen-al-Lann et immédiatement à droite dans la rue du Clouet qui rejoint le parking.

Barges ostréicoles dans la baie de Morlaix.

Accès : à l'entrée de Carantec, suivre la direction de l'embarcadère pour le château du Toureau, puis tourner à droite en direction de la plage du Clouet.
Départ : plage du Clouet, Carantec
But : découvrir le panorama à la pointe de Pen al Lann.
Point culminant : 30 m
Difficulté : un peu de dénivelé et quelques escaliers un peu raides.
Balisage : GR® en partie
Saison : toute l'année
Carte : IGN 0615 OT
Infos : O.T. de Carantec, 4, rue Pasteur, 29660 Carantec, 02 98 67 00 43
www.ville-carantec.com

+ P'TITS PLUS +

• À découvrir au Musée maritime, le réseau d'évasion organisé pendant la Seconde Guerre mondiale par le charpentier de marine Ernest Sibiril qui a, entre autres, organisé 15 passages de nuit à destination des côtes anglaises sur des cotres clandestins, au nez et à la barbe des troupes allemandes. 8, rue Albert-Louppe, 29660 Carantec, 02 98 67 00 43.

La silhouette du phare des Triagoz se dessine dans les fougères.

Bassin d'affinage pour les huîtres.

L'île Louët et son petit phare.

DÉCOUVERTE

L'ESPRIT BALNÉAIRE

Carantec est devenu station balnéaire au début du XXe siècle : le tennis y avait la faveur des villégiateurs et un club-house moderne était à la disposition des compétiteurs. Accessible depuis 1922 par la route de la corniche qui longe la rive gauche de l'estuaire, Carantec est desservi par la ligne de chemin de fer Morlaix-Roscoff à la halte de Henvic. Le pont routier de la Corde enjambe la Penzé depuis 1927. La riche bourgeoisie morlaisienne de la belle époque y prend rapidement ses habitudes.

Les villas balnéaires sont cachées dans les pinèdes de la pointe de Pen al Lann. Le lotissement de cottages de la Chaise-du-Curé surplombe l'océan.

Les plages sont abritées, aménagées de cabines de bains et, pour certaines, d'un plongeoir art déco. Elles sont de plus équipées de cales pour la mise à l'eau des canots et des dériveurs, et le départ vers les îlots : château du Taureau et île Louët. La grève du Clouet sur la rivière possède une piscine d'eau de mer qui permet de patauger.

À PROXIMITÉ

L'ÎLE CALLOT

L'Île Callot est reliée au continent par une chaussée submersible. Un panneau indique les horaires de traversée, mais attention, le flot est d'une telle puissance qu'il peut surprendre certains automobilistes. Le site est un point stratégique dans la très convoitée baie de Morlaix. Au VIe siècle, les Danois qui pillaient la région y furent défaits par les Bretons. L'endroit fut désigné par les vainqueurs pour édifier une chapelle dédiée à Intron-Varia-ar-Galloud. Galloud, qui se traduit par « puissance », aurait donné Callot, qui se prononce « Callote ». Le clocher porte galerie et tour d'escalier. Une pierre du mur-pignon affiche la date de 1672, mais la date de la fondation de la chapelle reste très incertaine. Après avoir servi de poste militaire pendant la Révolution française, l'édifice est fortement délabré. Rebâtie de 1802 à 1808, la chapelle est bénie par M. Laot, recteur de Taulé dont Carantec n'était jusqu'alors qu'une trêve, comme le raconte un panneau à la belle typographie.

Quartier balnéaire vers le port de Carantec.

Une chaussée submersible relie l'île Callot à Carantec.

LE BATEAU DE CARANTEC

Le cotre de Carantec est le bateau traditionnel de la baie de Morlaix et de la Penzé. Son faible tirant d'eau est prévu pour le marnage important dans la zone. Avec sa quille longue, son étrave droite et son tableau plat, il est facile à béquiller à marée basse.

Parallèlement, le tourisme balnéaire a généré une activité nautique spécifique : la petite plaisance. Les petits chantiers locaux construisent des types de canots pour la régate et l'initiation, comme le très toilé cormoran et le catboat à une voile houari unique. Les amateurs de ces petits bateaux étaient généralement fidèles à un constructeur ou une famille de charpentiers. Jézéquel est un nom bien connu des Carantécois ; le chantier fabrique, répare et entretient ce type de voiliers depuis quatre générations.

La chapelle de l'île Callot porte un haut clocher.

Le chantier Jézéquel, toujours en activité à Carantec.

Distance : 5 km | Dénivelé : 60 m | Horaire : 1 h 20

14. EN LONGEANT LA PENZÉ

Sous le couvert des arbres, cette promenade suit le cours de la Penzé au son des oiseaux des vasières, avant de rejoindre le bourg à travers champs, dans les odeurs de choux et de carottes.

Depuis la place Jean-Coat, juste à côté du pont qui franchit la Penzé, suivre la rive droite jusqu'à se retrouver sur le sentier balisé en jaune (avec la rivière à gauche). Le chemin passe quelques escaliers, franchit plusieurs ponts et passerelles et quitte la rive boisée pour longer un champ. Contourner un grand champ ❶ en s'orientant à l'est et en longeant un affluent de la Penzé. Franchir un talus, au niveau d'une cabane en tôle, tourner à droite le long d'un sentier balisé en rouge et jaune qui monte un escalier en bois. Laisser le balisage rouge et jaune et filer tout droit dans un chemin en herbe le long d'une maison. Poursuivre la route tout droit. Au carrefour, prendre en face en direction de Pen ar Prat Kerassel ❷, puis bifurquer à droite entre les maisons pour marcher dans un chemin agricole entre les parcelles. Contourner une parcelle où se trouvent des serres, en faisant un crochet gauche-droite sur les chemins agricoles. Le chemin se transforme en petite route : à l'angle du premier bâtiment agricole ❸, tourner à droite, traverser la cour de ferme et poursuivre tout droit entre un bosquet d'arbres et les champs : le chemin coupe une route et dégringole dans un chemin creux qui débouche sur la rue : tourner à droite. Au stop, tourner à droite et rejoindre le pont sur la Penzé.

Choux en rang d'oignons !

Accès : se rendre au centre de Penzé.
Départ : place Jean-Coat, Penzé.
But : découvrir la rivière de la Penzé.
Point culminant : 55 m
Difficulté : aucune
Balisage : partiel, jaune puis rouge et jaune.
Saison : toute l'année, à toutes les heures de la marée.
Carte : IGN 0615 ET
Infos : O.T. de la baie de Morlaix, 10, place Charles-de-Gaulle, 29600 Morlaix, 02 98 62 14 94
www.baiedemorlaix.bzh

Le bras de mer de la Penzé subit les marées.

La vasière de la Penzé découvre à marée basse.

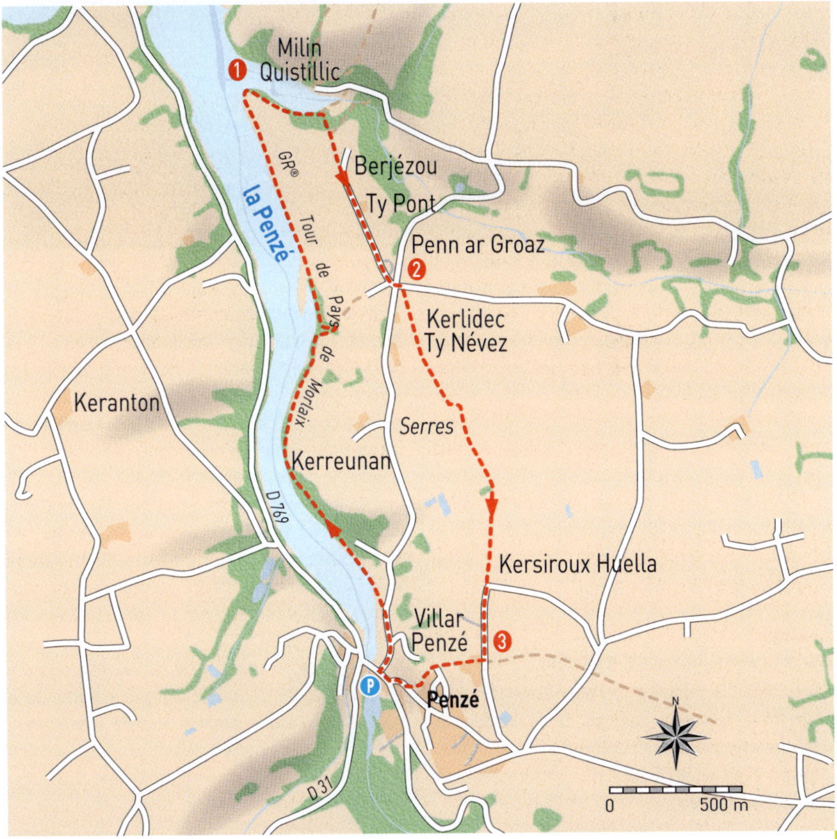

DÉCOUVERTE

Rassemblement de kayaks et de canoës sur la Penzé.

PENZÉ SUR LA PENZÉ

Dans le fond de l'estuaire, le bourg de Penzé s'est développé autour d'une chaussée qui barre le cours d'eau à l'endroit où cesse l'influence des marées. Le temps des vieux moulins est révolu ; avec l'industrialisation et ses machineries, est venu celui des minoteries. Penzé vit paisiblement au rythme des marées. Les canoës et les kayaks que le flot porte s'échouent çà et là. Et le temps d'un pique-nique, ils s'en vont avec le courant descendant.

À PROXIMITÉ

LES CLOCHERS FORTIFIÉS D'HENVIC...

Henvic était à l'origine, comme Carantec, une trêve de la puissante paroisse de Taulé dont le territoire était bordé à l'ouest par le fleuve côtier la Penzé et à l'est le Dossen, plus souvent nommé la rivière de Morlaix.

La position d'Henvic en fait un poste d'observation des côtes depuis l'occupation romaine. À la fin du XVIe siècle, le bourg d'Henvic est totalement ravagé par le feu lors d'une expédition anglaise qui avait pour objectif Morlaix. L'église est ensuite reconstruite ; orientée au ponant, elle adopte une silhouette particulière : le clocher-mur épais porte une galerie débordante pour guetter l'horizon ; le beffroi est implanté sur cette plate-forme ; en avant-poste, un porche sur piles surmonté d'une salle de veille est accroché au pignon ; une tourelle d'escalier amortie par un dôme dessert les différents niveaux.

Au XIXe siècle, le chantier de la nouvelle église a provoqué la démolition de la majeure partie de la nef. Le pittoresque clocher de style Beaumanoir qui servait d'amer aux marins a pourtant survécu et le bâtiment a fait récemment l'objet d'une restauration admirable.

La vieille église d'Henvic est fortifiée.

La porte d'accès de l'église d'Henvic, protégée par un porche.

... ET DE TAULÉ

Vauban, soucieux de mettre le port de Brest à l'abri d'un débarquement anglais, organisait une ligne défensive de Carantec à Camaret. Ainsi, l'église paroissiale de Taulé avait la même fonction de surveillance du littoral que celle d'Henvic... et ne pouvait être moins élégante qu'elle ! Le vieux clocher de Taulé, qui présente les mêmes caractères Beaumanoir, est rescapé de la vague qui, au XIXe siècle, détruisit nombre d'églises.

La nef, qui occupait l'actuelle rue principale du bourg, a été rasée ; le grand dallage sert aujourd'hui de parvis ; le portail vide évoque une poterne ; une fine galerie mène à la tourelle d'escalier ; la baie verticale sert de logis à des pigeons qui roucoulent aux beaux jours.

Le clocher rescapé de l'église de Taulé.

Distance : 15 km | Dénivelé : 200 m | Horaire : 1 h 30

15. MORLAIX PAR LA VOIE VERTE

L'ancienne voie de chemin de fer reliant Morlaix à Carhaix en centre Bretagne est aménagée en voie verte. Voici une balade tranquille, sans dénivelé, au départ du centre-ville de Morlaix ; le retour se fait par une piste cyclable en grande partie en site propre.

Longer la place des Otages, dos au viaduc. Tourner à gauche dans la rue Carnot en suivant les indications « Carhaix par la vélo-route » au fléchage vert. Les panneaux verts guident, via la place Viarmes, la rue au Fil, la rue des Vignes et la rue de Bréhat, vers la voie verte qui file vers Carhaix. Quitter Morlaix et la suivre sur 6 km en direction de Scrignac : la quitter au niveau de la maison de garde-barrière n° 5 dite du Cosquer au lieu-dit La Croix de Pierre ❶. Prendre la route vers la droite et rouler jusqu'à Plourin-lès-Morlaix. Au niveau de la chapelle, tourner à droite dans la piste cyclable puis poursuivre tout droit : suivre la piste cyclable qui s'oriente vers la gauche ❷. Elle emprunte le GR® et rejoint Morlaix par l'arrière du supermarché Intermarché ❸. Filer tout droit dans le « Sens interdit sauf riverains ». Couper la rue de la Hautière et continuer en face dans le chemin. Déboucher rue de Kerguéven et tourner à droite, filer tout droit en passant le lycée Tristan-Corbière. Contourner la place Daumesnil. En bas, prendre à gauche dans la rue des Bouchers et poursuivre à gauche par la rue Basse. Mettre pied à terre pour prendre la rue du Mur. Traverser la rue Carnot et, toujours pied à terre, filer dans la rue du Pont-Notre-Dame qui débouche place des Otages.

Le clocher de Saint-Melaine.

Accès : en plein centre-ville de Morlaix, parking de la place des Otages, sous le viaduc.
Départ : place des Otages, Morlaix.
But : suivre la voie verte sur l'ancienne voie de chemin de fer.
Point culminant : 120 m
Difficulté : aucune
Balisage : voie verte, fléchage vert, puis GR®.
Saison : toute l'année
Carte : IGN 0616 OT
Infos : O.T. de la baie de Morlaix, 10, place Charles-de-Gaulle, 29600 Morlaix, 02 98 62 14 94 www.baiedemorlaix.bzh

+ P'TITS PLUS +

• Place des Otages se trouve la belle brasserie *Le Grand Café de la Terrasse* au décor 1900 : 31, place des Otages, 29600 Morlaix, 02 98 88 20 25.

Ardoises et colombages dans le vieux Morlaix.

L'ancienne Manufacture des Tabacs sur la rivière de Morlaix.

L'imposant viaduc surplombe la ville de Morlaix.

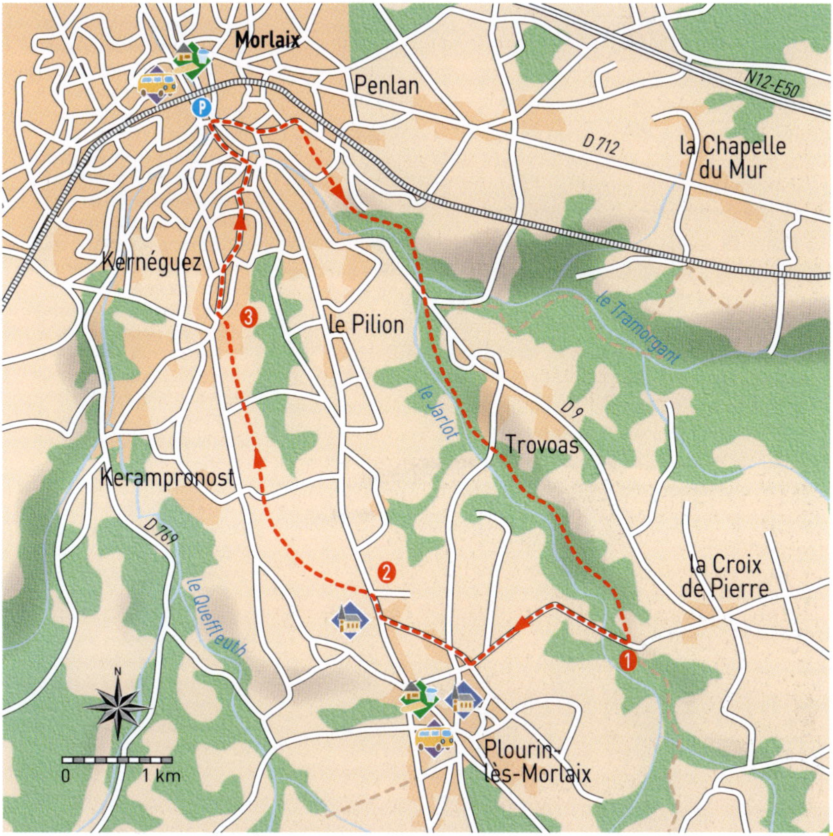

Distance : 16,5 km | Dénivelé : 85 m | Horaire : 1 h 40

16. LA CÔTE DE BRIGNOGAN ET PLOUNÉOUR-TREZ

En partie basé sur la boucle du Tro velo n° 1, ce circuit longe la mer jusqu'au hameau de Meneham. Il permet de découvrir une chapelle posée sur un rocher, un menhir christianisé, une maison-phare... Le retour se fait à travers champs dans les odeurs de choux, de carottes ou de fenouil !

Depuis l'office de tourisme, se diriger vers l'église et la contourner vers la droite, en direction des plages. Suivre la rue Saint-Pierre et, à l'embranchement, poursuivre vers la droite en direction des plages : repérer le fléchage vélo bleu du circuit Tro velo 1. Longer les plages et les campings jusqu'à la pointe du Lividic. Suivre cet itinéraire pour traverser Brignogan-Plages ❶. Au niveau du port, quitter la commune par la rue du Menhir. Au niveau du menhir, au carrefour, prendre à droite vers le sémaphore. Avant de rejoindre la plage, tourner à gauche vers la chapelle Pol/Le Phare, puis à droite route de Sant Paol. Devant la chapelle, tourner à gauche. Au croisement, prendre à droite vers le phare de Pontusval. Au parking du phare ❷, s'engager à gauche dans le chemin sablonneux (mettre pied à terre). Longer la plage, traverser des parkings et rejoindre la route : tourner à droite et rouler le long de la côte. Au croisement en T, tourner à droite vers le site de Meneham. Contourner Meneham et abandonner le fléchage vélo bleu pour tourner le dos à la côte et poursuivre tout droit. Au lieu-dit Penfrat ❸, tourner à gauche (en face d'une voie sans issue). Au carrefour en T, prendre à gauche. Tourner à droite à l'angle de la chapelle du Croazou et filer tout droit. Couper la D 770 et continuer tout droit vers Plounéour-Trez. Rejoindre le bourg par la rue Streat Veur qui mène à l'église puis à l'office de tourisme.

Le phare de Pontusval, sur la commune de Brignogan-Plages.

Accès : depuis la RN 12 Brest-Morlaix, sortir en direction de Lesneven. À Lesneven, prendre la D 770 vers Plounéour-Trez.
Départ : Plounéour-Trez
But : longer la côte, découvrir Brignogan, le phare de Pontusval, la chapelle Pol et Meneham.
Point culminant : 25 m
Difficulté : aucune, mais la circulation se fait sur la route.
Balisage : partiel, marquage bleu circuit Tro velo 1.
Saison : toute l'année, en été pour profiter des plages.
Carte : IGN 0515 ET
Infos : O.T. Lesneven Côte des Légendes, Village de Meneham, 29890 Kerlouan, 02 98 83 95 63 www.tourisme-lesneven-cotedeslegendes.fr

+ P'TITS PLUS +

• L'ancien village restauré de Meneham est en accès libre et gratuit. Il donne à voir un corps de garde, une caserne, une maison à avancée (*apotheiz* en breton). Il abrite des ateliers d'artisan et une auberge où le *kig ha farz* (spécialité du Léon à base de viande et de légumes) est excellent. Renseignements : 02 98 83 95 63, www.meneham.bzh

Calme plat à Brignogan-Plages.

Chaos rocheux à Pontusval.

L'AUTEUR

Françoise Foucher est née et a grandi dans le Morbihan.
Elle a vécu 25 ans dans le Finistère avant d'opérer un retour au pays lorientais.
Son activité professionnelle se partage entre le journalisme spécialisé dans les questions agricoles et agroalimentaires et l'écriture de guides de randonnées, guides touristiques et beaux livres.
Elle est l'auteur d'une série de guides de randonnées dans la collection P'tit Crapahut aux éditions Glénat: *dans le Finistère sud, dans le Finistère ouest* et *dans le golfe du Morbihan.*

Achevé d'imprimer en Espagne en mars 2019 par Graficas Estella,
sur papier provenant de forêts gérées de manière durable.